Isabel Hövels

Dhanyavaad Mama

Eine deutsch-indische Adoptionsbiografie

Bibliografische Information der Deutschen Nationalbibliothek:
Die Deutsche Nationalbibliothek verzeichnet diese Publikation in der Deutschen Nationalbibliografie; detaillierte bibliografische Daten sind im Internet über http://dnb.dnb.de abrufbar.

Verfasser: ***Isabel Hövels, Goerdelerstraße 9, 48282 Emsdetten***
Bilder: ***Doris Hellermann – Isabel Hövels – Mike Schiffer***
Cover: ***Mike Schiffer***
Lektorat: ***www.worttaten.de***

Herstellung und Verlag: Amazon Europe in Luxemburg

ISBN: 978-3-00-059994-1

Inhaltsverzeichnis

Erster Teil – Zwei Inderinnen in Elte

1. Nicht Fleisch von unserem Fleisch

Ich wusste immer aufgrund unserer äußeren Erscheinung und dem offenen Umgang mit dem Thema innerhalb unserer Familie, dass Helena und ich eine andere Abstammung haben: Unsere Eltern haben uns aus Indien adoptiert. Explizit gesprochen wurde nicht über das Thema, anfangs jedenfalls. Neben unserem Geburtstag am 4. April feierten wir jedes Jahr den 20. November, den Tag, an dem wir im Jahr 1989 in Elte ankamen. Dies war jahrelang der einzige Hinweis auf meine wahre Herkunft, über die ich mir jedoch zunächst noch keine Gedanken machte.

Ungefähr im Alter von neun Jahren entdeckte ich in unserem Familienalbum einen Zeitungsartikel aus der Lokalzeitung ›Wir in ... Rheine‹ vom 20. November 1989.

Zwei Inder in Elte, hieß es da. Neben diesem Zeitungsartikel steckte eine weißliche Karte, auf der ein für mich damals unverständlicher Spruch stand:

Nicht Fleisch von unserem Fleisch – nicht Blut von unserem Blut – aber ihr seid auf wunderbare Weise unser! Ihr seid nicht unter meinem Herzen gewachsen. Aber in ihm!

Ich wollte unbedingt verstehen, was es mit dieser Karte und dem Zeitungsartikel auf sich hatte und fragte meine Eltern Hermann und Tille. In vielen nachfolgenden Gesprächen erklärten mir beide überaus emotional die Umstände meiner Adoption. Spätestens zu diesem Zeitpunkt verstand ich, dass wir zwei Schwestern etwas Besonderes sein mussten. Meine Neugier über meine Abstammung wurde geweckt und sollte mich auch nicht mehr loslassen.

2. ProInfante

Der Wunsch meiner Eltern, ein Kind zu adoptieren, lag in dem Umstand begründet, dass sie keine eigenen Kinder bekommen konnten. Vermutlich der häufigste Grund für eine Adoption, aber für mich auch völlig gerechtfertigt. Ich möchte mir auch nicht anmaßen, über Probleme mit solchen Adoptionen zu urteilen, und beschränke mich rein auf die damaligen Umstände und die belegbaren Fakten in Bezug auf meine Adoption.

Meine Eltern erkundigten sich bereits im Jahr 1988 über die Chancen einer Auslandsadoption. Dieser erste Versuch, ein ausländisches Kind zu adoptieren, verlief allerdings bei Weitem nicht wie erhofft und so stießen sie Anfang Mai 1989 auf die Adoptionsvermittlungsstelle ProInfante aus Sindelfingen. Nach einer ersten brieflichen Kontaktaufnahme kam es noch im selben Monat zu einem persönlichen Gespräch. Die damalige Mitarbeiterin der Organisation versicherte, dass einer Adoption indischer Kinder nichts im Wege stünde und man sich unmittelbar um eine Vermittlung bemühen werde.

Am 8. September 1989 ungefähr gegen zwei Uhr erhielt mein Vater einen Anruf von ProInfante. Zu diesem Zeitpunkt rechneten meine Eltern überhaupt nicht mit einer Rückmeldung. Carla Wiedeking, die Gründerin von ProInfante, berichtete in diesem Gespräch, dass meinen Eltern die Möglichkeit geboten wurde, indische Zwillingsmädchen zu adoptieren. Mein Vater freute sich so ungemein über diese Nachricht, dass er die Anfrage spontan bejahte, also ohne mit meiner Mutter zunächst Rücksprache zu halten. Frau Wiedeking skizzierte daraufhin die weitere Vorgehensweise und verwies auf Unterlagen und Bilder von uns, die sie per Express an meine Eltern senden werde. Überglücklich teilte mein Vater im Anschluss an dieses Gespräch meiner Mutter telefonisch die neuesten Ereignisse mit. Natürlich zeigte auch sie sich sofort einverstanden und freute sich über alle Maßen.

Bereits am nächsten Morgen um sechs Uhr klingelte der Expressbote mit den angekündigten Unterlagen. Neben den Fotos und persönlichen Daten zu uns erhielten meine Eltern auch einen Termin, an dem sie in Delhi eintreffen sollten: der 13. November 1989.

Die Adoption sollte vor Ort bei den Missionaries of Charity, abgekürzt: M.o.C., 12, Commissioner Lane, Delhi-110054 erfolgen.

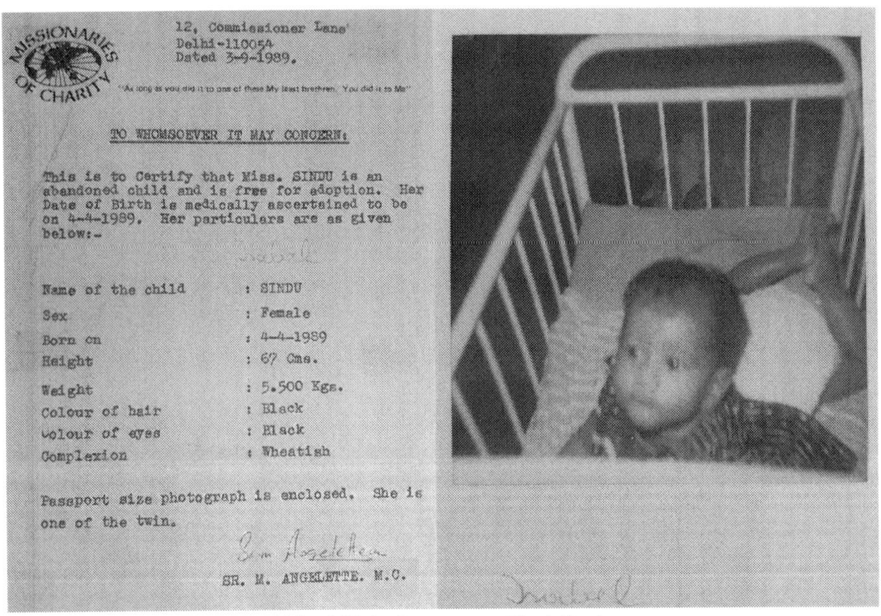

MISSIONARIES OF CHARITY

12, Commissioner Lane
Delhi-110054
Dated 3-9-1989.

"As long as you did it to one of these My least brethren, You did it to Me"

TO WHOMSOEVER IT MAY CONCERN:

This is to Certify that Miss. SINDU is an abandoned child and is free for adoption. Her Date of Birth is medically ascertained to be on 4-4-1989. Her particulars are as given below:-

Name of the child	: SINDU
Sex	: Female
Born on	: 4-4-1989
Height	: 67 Cms.
Weight	: 5.500 Kgs.
Colour of hair	: Black
Colour of eyes	: Black
Complexion	: Wheatish

Passport size photograph is enclosed. She is one of the twin.

SR. M. ANGELETTE. M.C.

Abb. 1 Unterlagen von ProInfante

Völlig überwältigt und überglücklich begannen meine Eltern sofort mit der Planung und den notwendigen Vorbereitungen der Reise. Zahlreiche Formalitäten und Behördengänge in Bezug auf meine Adoption mussten erledigt werden, bevor die Reise am 12. November 1989 von Frankfurt aus startete.

3. Missionaries of Charity, Delhi

In der Nacht des 13. Novembers 1989 erreichten Hermann und Tille ihr Hotel in Delhi. Sie versuchten zunächst, etwas zur Ruhe zu kommen, was ihnen allerdings aufgrund der freudigen Erwartung auf den ersten Kontakt mit uns natürlich nur bedingt gelang.

Nach einer zugegebenen kurzen Nacht begaben sie sich bereits früh am Morgen zur Anschrift des Kinderheimes der M.o.C. Hier fiel ihnen anfangs das schwere, verschlossene dunkle Tor auf, das die Eingangstür zum Kinderheim darstellte. Aufgeregt und einen Moment innehaltend, klingelten meine Eltern, worauf eine Ordensschwester sie kurze Zeit später über einen Innenhof in einen Vorraum mit zahlreichen kleinen Kinderbetten ließ. Neben diesem Raum schien es noch drei weitere Räume zu geben, und meine Mutter schätzte die Anzahl der anwesenden Kinder, alle dem Anschein nach in einer Altersspanne von Säuglingsalter zu acht Jahren, auf ungefähr hundert.

Nach einer kurzen, aber herzlichen Begrüßung führte eine Schwester meine Eltern in einen separaten Raum. Sie sollten sich hier zunächst auf zwei bereitgestellte einfache Holzstühle setzen, worauf zwei Ordensschwestern meine Schwester und mich in den Raum trugen und uns behutsam in die Arme meiner künftigen Mutter und meines künftigen Vaters legten. Meine Eltern fühlten sich zu diesem Zeitpunkt überglücklich und erleichtert. Alle negativen Erfahrungen und vorangegangenen Schwierigkeiten schienen vergessen. Ich zeigte mich von diesen Umständen augenscheinlich wenig begeistert, da ich, so meine elterlichen Augenzeugen, zurückhaltend, ja, sogar stur dreinschaute. Dieses Verhalten sollte sich noch bis kurz vor Weihnachten 1989 fortsetzen.

Abb. 2 Meine Mutter Tille mit mir im Kinderheim in Delhi

Im Anschluss an dieses erste Kennenlernen brachten uns die Schwestern auffallend rasch wieder in unser Zimmer und meine Eltern konnten das weitere Vorgehen mit der damaligen Oberschwester Schwester Angelette besprechen.

Meine Mutter versuchte bereits zu diesem Zeitpunkt vergeblich, mehr Informationen über unsere Abstammung wie auch unser bisheriges Leben zu bekommen. Schwester Angelette konnte oder wollte jedoch nur mitteilen, dass unsere leibliche Mutter eine fünfundzwanzigjährige Hindufrau sei, die uns mit sechs Tagen und halb verhungert in einem Kinderheim in Raigarh abgegeben hatte. Von dort reisten wir mit Schwester Hemanta im Zug zum Kinderheim nach Delhi. Bei diesen Fakten, kurz und knapp, wie sie waren, blieb es.

In den folgenden Tagen durften uns unsere Eltern morgens und abends jeweils für zwei Stunden im Kinderheim besuchen. Diese Zeit verbrachten sie meistens damit, mit uns auf dem Hof spazieren zu gehen. Das Verlassen des Geländes wurde nicht gestattet. Bei diesen Spaziergängen lernten sie auch Ravali Sharma kennen. Ravali, eine junge, bildschöne Frau von ungefähr achtzehn Jahren, kam selbst als Waisenkind in das Kinderheim der M.o.C. Meine Schwester Helena und mich verband zu Ravali eine enge Beziehung, da sie sich seit unserer Ankunft im Kinderheim in Delhi immer um uns gekümmert hatte.

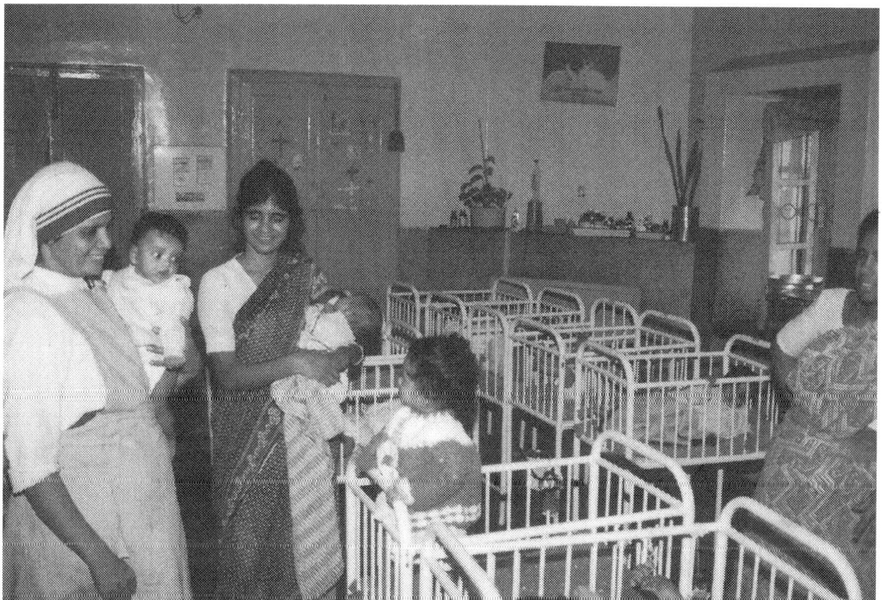

Abb. 3 Ravali im Kinderheim. Ich stehe davor in dem Bettchen

Ohne bedeutende Abwechslungen oder Besonderheiten vergingen die Tage bis zum 19. November 1989, dem Tag unserer Ausreise nach Deutschland. Alle notwendigen indischen Formalitäten hatte bereits ein Anwalt der M.o.C. geordnet. Zu einem Kontakt zwischen den indischen Behörden und meinen Eltern kam es nicht. Die Abwicklung gestaltete sich völlig unkompliziert, organisiert und ohne

Schwierigkeiten. Von den entscheidenden Ungereimtheiten in unserem Adoptionsverfahren sollten wir alle erst viele Jahre später erfahren.

Ravali Sharma verabschiedete uns natürlich auch. Sie weinte so unsagbar, dass meine Eltern mit der Situation überfordert schienen. Ravali fühlte zwar, dass wir es bei Hermann und Tille gut haben würden, aber der Abschied fiel ihr ungeheuer schwer. Später erfuhren meine Eltern, dass Ravali von den M.o.C. an einen Mann verheiratet wurde. Wie es ihr weiter ergangen ist, haben wir aufgrund der Verschwiegenheit der M.o.C. nie erfahren.

4. Ankunft in Elte

Unsere Ausreise gestaltete sich dank der perfekten Vorarbeit des Anwaltes der M.o.C. ohne Probleme. Die Mitarbeiter der indischen Ausländerbehörde am Ausreiseschalter des Flughafens scherzten zum Teil mit meinen Eltern. Am Zugang zum Boardingbereich bemerkte meine Mutter dagegen eine Grenzbeamtin, die meine Mutter direkt und eindringlich ansah, bevor sie in gutem Englisch **»It's not good!«** sagte.

Natürlich bezog sie sich mit dieser Aussage auf unsere Adoption. Im Nachhinein gesehen, hatte sie unbewusst sicherlich Recht in Bezug auf einige Vorgehensweisen während des indischen Adoptionsverfahrens. Meine Eltern zeigten sich ungemein erleichtert, als sie endlich alle Kontrollen durchlaufen und unsere Sitze im Flugzeug erreichten.

Der anschließende Flug nach Frankfurt verlief problemlos. Tante Ingrid, eine Schwester meiner Mutter, erwartete uns bereits und wir fuhren auf direktem Wege nach Elte. Auf der Fahrt fing ich leicht an zu kränkeln, was die Autofahrt für alle etwas stressiger werden ließ. Endlich in Elte angekommen begrüßten uns Oma und Opa. Jetzt fielen auch die letzten Strapazen und Anspannungen von meinen Eltern ab und sie zeigten sich nur noch glücklich und zufrieden.

Die kommenden Tage bereiteten uns natürlich auch die vielen Familienmitglieder ein herzliches Willkommen, und wir lernten bei einem ersten Termin unseren Kinderarzt, Dr. Joachim R. kennen. Trotz kleinerer Befunde bei mir bescheinigte er uns Schwestern einen sehr guten Allgemeinzustand.

Am Samstag, dem 16. Dezember 1989 besuchte uns überraschend die 1. Jungseniorinnen-Mannschaft der SG Elte und überreichte unseren Eltern einen Kroamstuten, ein münsterländischer Brauch, bei dem Freunde und Bekannte den frischen Eltern einen ein Meter langen Stuten (Brot) überreichen. Die Überbringer tragen schwarze Anzüge, Holzschuhe und einen Zylinder.

Zwei Inder in Elte und deren Adoptiv-Eltern Hermann und Mathilde Hövels wurden von ihren Kameraden aus der 1. Jungseniorinnen-Mannschaft der SG Elte mit einem Kroamstuten überrascht. Aktueller Anlaß der samstäglichen Aktion: Die beiden Neu-Elteraner haben im November die acht Monate alten Zwillinge Isabel und Helena aus Dehli adoptiert. Zustandegekommen ist die ungewöhnliche Adoption über die staatlich anerkannte Vermittler-Organisation "Pro Infante". Nach abgeschlossenem Verfahren in Indien, wartet auf Isabel, Helena und ihre Eltern noch das deutsche Verfahren, bevor die Kinder ihrer alten Heimat, einem Waisenhaus von Mutter Theresa, endgültig ade sagen können.

Abb. 4 Artikel in der Lokalzeitung »Wir in ...Rheine«

Dieser Besuch wurde von der Lokalzeitung ›Wir in ... Rheine‹ begleitet und am 20. Dezember 1989 unter dem Titel ***Zwei Inder in Elte*** veröffentlicht. Ab sofort galten wir auch offiziell als anerkannte Einwohnerinnen von Elte und ich konnte den bereits genannten Zeitungsartikel einordnen. Im Nachhinein betrachtet, empfinde ich diesen Artikel als unangemessen und nicht erfreulich. Ein weiterer ärgerlicher Aspekt, dass meine Eltern vor der Veröffentlichung des Artikels nicht um Zustimmung gebeten wurden. Wie so oft ist ›gut gemeint‹ nicht immer ›gut gemacht‹.

5. Briefkontakt mit den Ordensschwestern

Neben den Erzählungen meiner Eltern und dem Zeitungsartikel existierten einige Briefe, aus denen ich weitere Informationen zu meiner Herkunft zu gewinnen hoffte. Sowohl meine Eltern als auch ich hielten zwischen 1989 bis 2000 noch Briefkontakt mit den Ordensschwestern in Indien. Die Inhalte dieser Briefe, stets in englischer Sprache verfasst, lasen sich für Außenstehende sicherlich stets überaus harmonisch, doch für mich erlangten die Aussagen von Schwester Hemanta und Schwester Angelette enorme Bedeutung. Dass es sich bei den Brief-Inhalten zum Teil um Lügen handelte, stellte sich erst später heraus. Die Briefe spiegelten im Wesentlichen immer dieselben Inhalte wider: dass mich die Schwestern lieben würden; dass

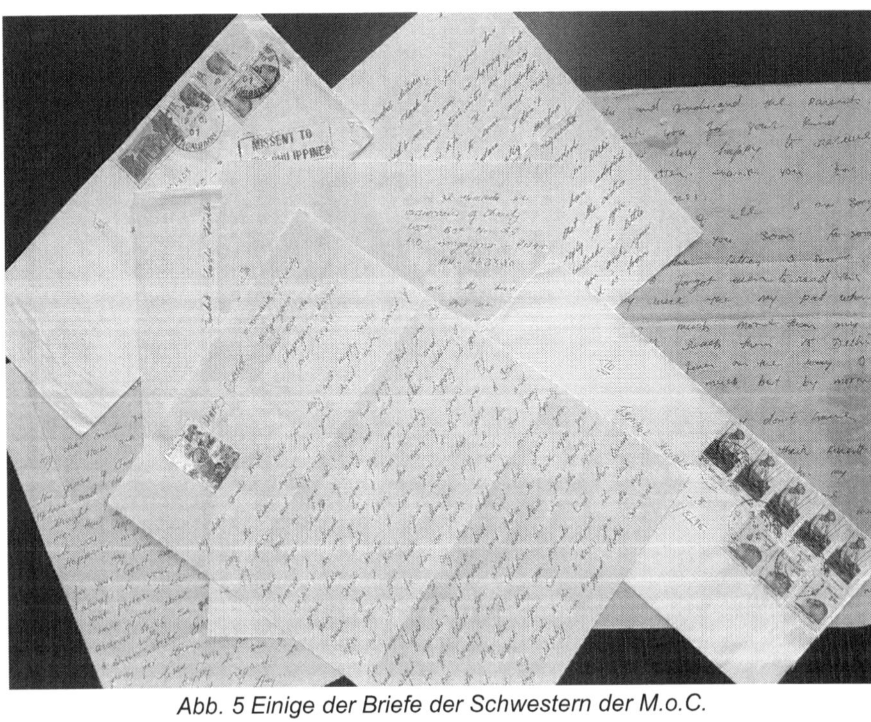

Abb. 5 Einige der Briefe der Schwestern der M.o.C.

sie froh waren zu sehen, wenn es mir gutginge; dass ich zu Gott für die Ordensschwestern beten sollte; dass ich sehr tolle Eltern hätte.

Dieser Inhalt wiederholte sich in allen Briefen. Nie wurde auch nur im Ansatz Bezug auf meine leiblichen Eltern genommen. Insgesamt lasen sich diese Briefe allesamt oberflächlich sowie bedeutungslos.

Ostern 2000, im Alter von elf Jahren, erhielt ich einen Brief von Schwester Hemanta, nachdem ich zuvor explizit um Informationen zu meiner Familie in Indien gebeten hatte. Schwester Hemanta teilte mir erneut mit, dass ich doch froh sein sollte, dass es mir gutgehe und ich doch tolle Eltern hätte. Abgesehen von den bekannten Wünschen ging sie unerwartet auch mit einem Satz auf meine leibliche Mutter ein: *»Yes I know, your mother has gone to Jesus after giving you birth.«*

Neben diesem Hinweis, dass meine Mutter nach meiner Geburt gestorben sei, bat Schwester Hemanta mich eindringlich darum, nicht mehr nach meiner Mutter zu suchen und zu fragen.

Ich erschrak beim Lesen des Briefes total, hatte ich doch immer gefühlt und geglaubt, dass meine leiblichen Eltern noch lebten. Erkenntnisse zu meinem Vater teilte Schwester Hemanta nicht mit. Sollte dieser Brief das Ende meiner Suche darstellen?

Ich hatte keinen plausiblen Grund, an den Aussagen von Schwester Hemanta zu zweifeln. So schwer es auch fiel, ich musste diese Aussage als Wahrheit akzeptieren und verstehen, dass ich nie etwas über meine reale Herkunft erführe.

Zweiter Teil – Die erste Indienreise

6. Ich möchte nach Indien

Mein achtzehnter Geburtstag lag gerade hinter mir und ich steckte noch mitten in der Ausbildung zur Friseurin, als ich meiner Mutter Tille erstmals ernsthaft erklärte, dass ich nach Indien reisen wollte. Ich musste sehen und verstehen, woher ich komme, verstehen warum ich bin, wie ich bin. Dieser Wille hatte sich in den zurückliegenden Jahren immer heftiger herauskristallisiert und ließ mich einfach nicht los. Natürlich wusste ich, dass meine leibliche Mutter nach Angaben von Schwester Hemanta verstorben sei, doch da existierte, in den Jahren immer stärker werdend, diese innere Unruhe, die mich an den vorherigen Aussagen von Schwester Hemanta zweifeln ließen. Ich hatte immer und immer wieder diese Träume, in denen ich meine Mutter sah. Ich fühlte, dass sie noch lebte und davon konnte mich auch niemand abbringen.

Bis zu diesem Zeitpunkt hatte ich mit niemanden über diesen Wunsch gesprochen, da ich in Gesprächen mit anderen immer das Gefühl hatte, dass mich niemand verstehen konnte. Wenn die Sprache zufällig auf das Thema Indien kam, wurde ich immer gefragt, was ich denn da will, da es mir doch gutgehe.

Ein weiterer Beweggrund zeigte sich durch die vielen Kunden im Friseursalon, indem ich meine Ausbildung machte, die wiederholt nach meiner Herkunft fragten. Ja, ich stamme aus Indien. Das stand fest. Aber war das die vollkommene Antwort? Nein! Ich wusste nicht, woher ich komme. Und wenn ich es doch selbst nicht wusste, wie sollte ich da diese Fragen beantworten. Für mich stand fest, ich muss nach Indien und versuchen, für mich Antworten zu finden.

Meine Eltern sprachen lange mit mir über meinen drängenden Wunsch und versprachen mir, mich in allem zu unterstützen, was auch immer ich beabsichtigte zu unternehmen. Überaus schwer fiel mir die Entscheidung meiner Schwester Helena, dass sie von allen Umständen der Adoption und der kommenden Suche nichts wissen wollte. Schmerzlich akzeptierte ich ihren Wunsch, weshalb ich in diesem Buch auch nicht weiter auf sie eingehen kann. So kam es, dass ich alleine 2007 meine erste Reise nach Indien mit Unterstützung meiner Eltern plante.

Als Reisezeitraum legte ich den 27. Dezember 2007 bis 6. Januar 2008 fest. Natürlich wollten mich meine Eltern begleiten, was für mich aus verschiedenen Gründen aber nicht in Frage kam. Also musste ich jemanden finden, der bereit war, diese Reise mit mir zu machen. Ohne eine Begleitperson hätten meine Mutter und mein Vater meinem Vorhaben nie zugestimmt.

Am Ostersonntag, 8. April 2007 trafen wir im ›Splenterkotten‹, einer örtlichen Gaststätte, zufällig Doris Thiemann. Doris war früher unser Kindermädchen; ich hatte einen sehr guten Draht zu ihr. Perfekt war auch der Umstand, dass sie bereits für ein Jahr in Brasilien gelebt hatte und ich somit von ihren Auslandserfahrungen profitieren konnte. Für mich war Doris mit ihren dreißig Jahren die perfekte Begleitperson. Ich ging voller Überzeugung zu Doris und lud sie zu einem Gespräch zu uns nach Hause ein.

Ein paar Tage später trafen wir uns bei mir und meinen Eltern, und ich fragte sie, was sie davon halten würde, mich nach Indien zu begleiten. Doris war anfangs von meiner Frage überrascht und zunächst sprachlos. Ich erzählte ihr von meinen Träumen, meiner inneren Unruhe und diesem Drang, mehr über mich herauszufinden. Doris war überaus berührt von meiner Offenheit und konnte meine Gefühle sehr gut nachvollziehen, erbat sich aber dennoch einige Tage Bedenkzeit, die ich ihr natürlich gerne gewährte. Wie versprochen, gab mir Doris einige Tage später eine Antwort.

Ja!

Ich hatte meine Begleitperson gefunden. Von diesem Zeitpunkt an hieß es planen, planen und noch mal planen.

7. Reise-Planung

Durch die Schilderungen meiner Eltern und die Eintragungen in meinem Pass wusste ich, dass ich am 4. April 1989 in Raigarh unter dem Vornamen Sindu geboren worden war. Weiterhin stand fest, dass ich durch die M.o.C., unter Beteiligung von Schwester Angelette und Schwester Hemanta, an meine Eltern vermittelt wurde. Folglich musste ich mit meinen Nachforschungen und der Reiseplanung bei den M.o.C. in Delhi und in Raigarh beginnen. Mit diesen Daten musste es doch ein Leichtes sein, meine Abstammung zu klären. Doch da hatte ich noch keine Ahnung von der Verschwiegenheit der M.o.C. und deren Beweggründe dafür.

Mein erster Schritt im Rahmen der Vorbereitungen sollte die Kontaktaufnahme mit Schwester Hemanta sein. Trotz ihrer Aussage, dass ich nicht weitersuchen sollte, war sie doch für mich der erste Ansatz, wie ich in Indien vorgehen könnte. Ich teilte ihr mit, dass ich beabsichtigte, im Dezember 2007 nach Indien zu reisen, und fragte sie, ob ich auf etwas Spezielles im Rahmen meiner Vorbereitungen achten müsste.

Schwester Hemanta erklärte mir, immer noch gegen eine Reise, dass ich auf jeden Fall mein Kommen zuvor den Oberschwestern in Delhi und Raigarh ankündigen sollte. Viel bedeutender war für mich aber ihr Hinweis auf Unterlagen im Kinderheim in Raigarh, genauer: ein Buch, aus dem sich genaue Angaben zu meiner Abstammung, meinen leiblichen Eltern und dem Abgabezeitpunkt im Kinderheim ergeben sollten.

Ich fühlte mich in der Art meiner Vorgehensweise völlig bestätigt, und für mich schien klar, dass ich doch noch alle gesuchten Informationen mithilfe dieses Buches erhalten würde. Zum ersten Mal erhielt ich in einem Brief von den Ordensschwestern Fakten und nicht nur warme Worte nebst frommer Wünsche.

Im Sommer 2007 schrieb ich, wie vorgeschlagen, die Oberschwestern der M.o.C. in Delhi, Schwester Sharmin, und in Raigarh, Schwester Constantina, an. In diesen Briefen bat ich um persönliche Gespräche vor Ort mit Schwester Hemanta und Ravali Sharma.

Ergänzend zu diesen Briefen telefonierte ich noch mit Schwester Sharmin, um ihr mein Kommen anzukündigen. In diesem Telefonat freute sich Schwester Sharmin sehr auf meinen Besuch, teilte mir aber auch mit, dass es keinen Kontakt mehr zu Ravali Sharma gäbe. Ravali hatte mit Hilfe der M.o.C. geheiratet und lebte mit ihrer Familie sehr weit von Delhi entfernt. Mehr Informationen zu Ravali konnte Schwester Sharmin mir nicht geben. Ihre Hinweise waren die letzten Informationen, die ich bis heute über den Verbleib von Ravali Sharma bekommen konnte.

Neben den Kontaktaufnahmen zu den Ordensschwestern in Indien beantragte ich zeitgleich die Einsichtnahme in meine Adoptionsunterlagen beim Landesjugendamt in Köln. ProInfante informierte meine Eltern ungefähr im Jahr 2004 darüber, dass die Unterlagen nach dem Tode der ProInfante-Gründerin Carla Wiedeking dem Landesjugendamt übergeben worden waren. Ich versprach mir von diesen Unterlagen weitere Informationen zu den Umständen meiner Adoption und Angaben zu meinen leiblichen Eltern.

Die wesentliche Erkenntnis aus diesen Akten bestand allerdings leider nur darin, dass ich keine weiteren Erkenntnisse gewinnen konnte. Sicher, dass ich im Vorfeld alles getan hatte, um an Informationen zu gelangen, konzentrierte ich mich auf die Buchung der Flüge und der Unterkünfte.

8. Schwester Asit und Sunil

Natürlich war es nicht so, dass meine Eltern Tille und Hermann mich einfach ohne jegliche Hilfe alles hätten alleine planen lassen. Tille informierte sich umfassend im Internet – Google ist dein Freund – über die indischen Regionen Raipur und Raigarh. Bei diesen Nachforschungen stieß sie zufällig auf einen Zeitungsartikel aus der Nähe von Aschaffenburg. Dieser Artikel befasste sich unter anderem mit Schwester Asit aus Indien, die im Rahmen einer Abordnung im Orden der Dillinger Franziskanerinnen in Kleinostheim tätig war. Schwester Asit kam aus Raigarh – für meine Mutter der Beweggrund, mit ihr Kontakt aufzunehmen.

Tille schilderte Schwester Asit meine Adoptionsgeschichte und erzählte ihr auch von meiner geplanten Reise. Es dauerte nicht lange und meine Eltern, Doris und ich besuchten Schwester Asit am 21. Oktober 2007 in ihrem Orden in Kleinostheim.

Nach einer äußerst herzlichen Begrüßung schilderte ich ihr – Schwester Asit sprach aufgrund ihres bereits langen Aufenthaltes in Deutschland sehr gut Deutsch – noch mal meine Adoptionsgeschichte und meine weiteren Planungen. Sie hörte sich alles genau und interessiert an.

Dann berichtete Schwester Asit uns von ihrem Neffen Sunil. Sunil war einundzwanzig Jahre alt, studierte Lehramt und wohnte in Raigarh. Schwester Asit schlug vor, dass Sunil uns vor Ort bei meiner Suche unterstützen könnte. Ich war zunächst nicht davon begeistert, mich vor Ort auf fremde Personen zu verlassen. Allerdings hatte ich auch noch keine Ahnung davon, wie es in Indien sein würde. Am Ende stimmte ich mit Unbehagen dem Vorschlag zu.

In den kommenden Tagen teilte ich Schwester Asit unseren genauen Reiseplan mit, den sie an Sunil weiterleitete. Sunil sollte uns in Raipur am Hotel abholen und uns dann ins circa zweihundert Kilometer entfernte Raigarh begleiten – das wurde in diesen Gesprächen beschlossen.

9. Das rote Tagebuch

Am Morgen des 27. Dezember 2007 ging es los. Ich hatte die Nacht zuvor recht gut geschlafen, trotzdem war mir ein wenig übel. Ich spürte in mir eine tiefe Unruhe. Vielleicht war es auch einfach nur Angst. Angst davor, dass diese Reise nicht die Fragen beantworten würde, die mich all die Jahre über bewegt hatten. Mit meinen achtzehn Jahren stellte ich mir die Lösung meiner Probleme und Fragen sehr einfach vor: Ich fliege nach Indien und da sind dann die Schwestern der M.o.C., die mir meine Fragen beantworten werden.

Ganz einfach also. Trotz des Umstandes, dass ich mir alles so unkompliziert ausmalte, wurde mir aber auch dies bewusst: Es könnte sein, dass ich keine Antworten erhalte. Was wäre dann? Nein, daran wollte ich nicht denken.

Plötzlich stand Doris vor mir. Sie wurde von ihrem Mann zu uns gebracht und strahlte über das ganze Gesicht. Voller Tatendrang nahm sie mich in den Arm.

»Jetzt gehts los!«

Ich freute mich so sehr, Doris zu sehen und dass es endlich losgehen konnte … fast hätte ich meinen Glücksbringer vergessen: eine Kette mit einem braunen Schutzengel aus Holz, den mir meine Tante Ingrid und mein Onkel Bernd zu Weihnachten geschenkt hatten. Ohne diese Kette konnte ich nicht los. Nachdem ich die aus meinem Zimmer geholt hatte, stiegen Doris, Tille, Hermann und ich in unser Auto. Meine Eltern hatten darauf bestanden, uns nach Frankfurt zum Flughafen zu bringen, was mich natürlich gefreut hatte.

Die Fahrt von Elte nach Frankfurt dauerte dreieinhalb Stunden und verging gefühlt sehr schnell. Im Laufe der Fahrt wurden uns noch allerlei gute Ratschläge und Tipps von meiner Mutter mit auf den Weg gegeben.

Ehrlich gesagt hörte ich aber nicht richtig zu, da ich mit meinen eigenen Gedanken und Fragen beschäftigt war. So verging die Fahrt ohne Besonderheiten und wir kamen am frühen Mittag in Frankfurt am Flughafen an. Bis zum Start unserer Fluges LH 760 um 13:35 Uhr hatten wir noch Zeit, die wir bei einem kleinen Mittagessen in der Abflughalle überbrückten. Die anschließende Kofferaufgabe, der Check-in und die Verabschiedung von meinen Eltern liefen irgendwie an mir vorbei. Ich war zu sehr auf meine Reise konzentriert, als dass ich mich noch daran erinnern könnte. Allerdings hatte meine Mutter noch eine kleine Überraschung für mich dabei. Sie gab mir zum Abschied ein kleines rotes Tagebuch. In diesem Buch waren bereits mehrere Seiten handschriftlich beschrieben und ich verstand zunächst nicht, was es mit diesem Buch auf sich hatte.

Tille erzählte mir, dass sie mit dem Schreiben in diesem Buch am 4. Juli 1990 begonnen hatte, um darin die ersten Erinnerungen von mir festzuhalten. Ich sollte jetzt dieses Tagebuch mit meinen kommenden Reiseerlebnissen weiterführen. Weiter erklärte sie mir nichts zu diesem Buch, bat mich aber, die bereits geschriebenen Seiten während des Fluges zu lesen.

Endlich saßen Doris und ich in der Maschine nach Delhi. Erst jetzt fiel mir auf, dass es sich bei den meisten Passagieren um Inder handelte. Ich hatte zuvor noch nie so viele Menschen meiner Abstammung gesehen. Das fühlte sich für mich total ungewohnt, aber auch sehr schön an. Ich versuchte voller Neugier, einigen Gesprächen zu lauschen, was mir aber aufgrund eines Umstandes nicht gelang: Es wurde hauptsächlich Hindi gesprochen. Einige Zeit beobachtete ich meine Mitreisenden und mir fiel auf, dass fast alle nur grimmig schauten. War das wirklich so, oder kam mir das nur so vor? Heute denke ich eher, dass ich mir das nur eingebildet habe, was auch daran lag, dass ich bis zu unserem Flug selten mit gebürtigen Indern in Kontakt gekommen war.

Ich machte es mir auf meinem Sitz bequem, versuchte, mich zu entspannen und den Flug zu genießen. Hierbei fiel mir wieder das rote Buch meiner Mutter ein. Jetzt wurde ich neugierig und holte es aus meinem Rucksack hervor.

Abb. 6 Mein Tagebuch

Der Einband des Buches war mit einem roten Stoff überzogen, der mit verschiedenen asiatischen Motiven verziert worden war. Das Wort *Diary* war mit goldenen Buchstaben auf den Buchrücken geprägt. Ich schlug die ersten Seiten des Buches auf.

Der erste Eintrag stammte vom 4. Juli 1990. Meine Mutter beschrieb darin meine ersten Monate in Deutschland, meine Reise von Delhi nach Elte, wie sehr sich meine Eltern über mich freuten, dass ich auch leicht kränkelte und wie ich mich entwickelte. Diese Art der Einträge führte meine Mutter allerdings nur bis zum 16. Juli 1990 fort, wobei ich die meisten Gegebenheiten schon durch vergangene Schilderungen kannte.

In einem letzten Eintrag vom 26. Dezember 2007, also einen Abend vor meiner Abreise schilderte mir meine Mutter ihre Gedanken und Gefühle. Meine Mutter und mein Vater standen völlig hinter dem, was ich vorhatte. Mutter drückte aber auch ihre Ängste aus, dass mir etwas passieren könnte. Neben der Gewissheit und Bestätigung, das Richtige zu tun, hofften beide auch, dass ich durch diese Reise meine Ziele erreiche und meine Seele ein wenig Frieden finden würde. In den letzten Zeilen des letzten Eintrages schlug mir meine Mutter vor, dieses Buch mit den kommenden Erfahrungen und Ereignissen fortzuführen. Dies war für mich der Beginn, mein Tagebuch zu führen.

28. Dezember 2007, 1:30 Uhr Ortszeit. Wir befanden uns im Landeanflug auf Delhi. Durch die Fenster des Flugzeuges konnte ich ein paar Lichter erkennen. Bald war ich nicht in der Lage, ein Ende dieses Lichtermeeres auszumachen. Was musste Delhi für eine gigantische Stadt sein?

Endlich landeten wir. Es war mitten in der Nacht und ich hatte überhaupt keinen Schimmer, wo ich in diesem riesengroßen Flughafen hinmusste. Doris hatte aber zum Glück alles unter Kontrolle und so fanden wir uns nach einigen Hundert Metern Fußmarsch vor den Einreiseschaltern wieder. Nach Erledigung der Formalitäten mussten wir noch lange auf unsere Koffer warten.

In der Ankunftshalle erwartete uns Murli Barth, der ein kleines Schild mit unseren Namen trug. Murli betrieb mit seiner Frau Darshan in Delhi eine Art Bed & Breakfast, das wir in Deutschland gebucht hatten. Insgesamt kann man Murli als überaus europäisch geprägt beschreiben. Sowohl seine Kleidung wie auch sein Auftreten unterschieden sich erheblich von meinen romantischen Bildern eines traditionellen Inders. Murli schnappte sich gut gelaunt unsere Koffer und wir folgten ihm zu seinem Auto.

Im Laufe der Fahrt war ich dennoch überaus angespannt. Mir wurde schlagartig bewusst, dass wir uns in einem fremden Land ohne Sprachkenntnisse völlig auf einen uns unbekannten Mann verlassen mussten. Zum Glück waren diese Ängste nur von kurzer Dauer, da Murli es verstand, mit seiner überaus lieben Art unser Vertrauen zu gewinnen.

Während der Fahrt prasselten ungemein viele Eindrücke auf mich ein, dass ich sie in ihrer schwindelerregenden Vielzahl gar nicht alle schildern kann. Ich war völlig verwirrt durch den herrschenden Linksverkehr, die überwältigende Anzahl von verwahrlosten und abgemagerten Hunden und Kühen und die überall wimmelnden kleinen Rikschas, die Tuk-Tuk. Ich konnte in dem Verkehr keine Ordnung oder Regeln erkennen. Alle fuhren da, wo eben Platz war. Es wurde gehupt und gehupt und noch mal gehupt. Was für eine laute und unsaubere Stadt war Delhi!

Es war mitten in der Nacht, aber das half mir nicht dazu anzunehmen, dass es am Tage besser würde. Und überhaupt, hatte ich in der Schule nicht gelernt, dass Kühe in Indien heilig sind? Wieso standen dann diese Kühe mitten in der Nacht einfach so auf der Straße und ernährten sich vom Abfall, der überall an den Straßenrändern lag und überwiegend aus Plastik bestand? Diese Wahrheit konnte ich mit meinem Lebensverständnis nicht in Einklang bringen.

Während ich versuchte, meine Gedanken zu sortieren und das Gesehene zu verstehen, erreichten wir die Zufahrt zum District Shivalik Enclave. In diesem District lag Murlis Wohnung. Allerdings war es jetzt nicht so, dass wir einfach in den District hätten einfahren können. Die Zufahrt war mit einem Tor versperrt, das von drei Männern bewacht wurde, von denen einer mit einem Gewehr bewaffnet war. Ich fühlte mich schlagartig wieder unwohl, diese Männer machten auf mich keinen vertrauenserweckenden Eindruck. Ich verstand auch nicht, was da jetzt vor sich ging. Die Männer kontrollierten den Kofferraum, den Motorraum und unterzogen uns einer optischen Begutachtung. Erst danach durfte Murli in den District einfahren.

Abb. 7 Murli mit Doris, Theo und mir

Murli erklärte uns später, dass dieser District von Mauern umgeben sei und ständig bewacht werde. Der Grund dafür lag in der Gefahr begründet, dass in Indien terroristische Anschläge auf Touristenzentren nicht ausgeschlossen werden konnten. Auch wenn diese Maßnahmen, von denen ich nicht mal wusste, dass wir sie benötigten, unserer Sicherheit dienten, fühlte ich mich unwohl. Kurze Zeit später standen wir endlich vor Murlis Bed & Breakfast. Das Gebäude war älter, wirkte aber gemütlich. Überschwänglich wurden wir von Theo begrüßt; der schwarze Mischlingshund gehörte Murli und Darshan.

Jetzt verflogen endgültig die letzten Zweifel und Ängste. Murli, der noch Obst, Brot und Tee für uns vorbereitet hatte, führte uns zu unserer Unterkunft: ein Zimmer mit Bett nebst einem abgetrennten Badezimmer. Insgesamt standen uns circa zwanzig Quadratmeter zur Verfügung. Das Zimmer war auffallend herzlich und gemütlich eingerichtet. Lächelnd, uns eine erholsame Nacht wünschend, verließ Murli das Zimmer, worauf wir sofort todmüde ins Bett fielen.

10. Der erste Tag in Delhi

Um neun Uhr Ortszeit holte uns der Wecker aus dem Schlaf. Zuerst schien ich noch etwas orientierungslos, bevor mir wieder bewusst wurde, dass ich mit Doris in Delhi war. Ich hatte hervorragend geschlafen, war aber dennoch von der Anreise immer noch etwas müde. Aus der Küche drangen Geräusche in unser Zimmer, die mich freudig hoffen ließen, dass es bald Frühstück geben würde. Genauso war es dann auch.

Darshan hatte bereits im Wohnzimmer den Esstisch eingedeckt und es warteten heißer Kaffee, ein schmackhaftes Omelett, Toast und frisches Obst auf uns. Doris und ich setzten uns an den liebevoll dekorierten Tisch und begannen, ausgiebig zu frühstücken. Das Omelett war einfach nur klasse. Allerdings sei erwähnt, dass ich auch hier wieder mal keine Ahnung von den indischen Sitten und Gebräuchen hatte. Während ich das Omelett aß, wurde mir unvermittelt warm und es brannte in meinem Mund wie Feuer. Spicy!

Alles, aber auch wirklich alles wird in Indien mit scharfen Gewürzen zubereitet. Darauf mussten sich unsere Geschmacksnerven, Zunge, Gaumen, Magen, ja der ganze Körper erst noch einstellen, was mir aber nicht wirklich gelang. Trotzdem, das Omelett war einmalig.

Nachdem wir gefrühstückt und uns zurechtgemacht hatten, wartete unser Taxi auf uns. Wir hatten mit Murlis Hilfe für den kompletten Tag ein Taxi mit Fahrer gebucht. Murli erklärte dem Fahrer, dessen Namen ich leider nicht mehr weiß, unsere Tagesplanung.

Gegen elf Uhr verabschiedeten wir uns von Murli und Darshan. Der Fahrer fuhr uns zunächst zum Red Fort Museum.

Alles, was ich in der Nacht zuvor bereits festgestellt hatte, bestätigte sich. Die Straßen waren völlig überfüllt mit Autos, Menschen, Hunden, Kühen und Müll.

Abb. 8 So zeigten sich uns Delhis Straßen

Überall lag dieser Müll herum, der vornehmlich aus Plastik bestand. Natürlich dröhnte auch wieder dieses permanente Hupen in meinen Ohren. Trotz des überaus schönen Sonnentages fühlte ich mich nicht wirklich wohl. Die Eindrücke und Wahrnehmungen bedrängten, ja erschlugen mich. Zum ersten Mal bemerkte ich die zahllosen armen, ausgezehrten Menschen, die in einfachsten Verhältnissen auf den Straßen lebten. Zwischen all dem Müll und den Tieren, im brüllenden Verkehr und den stinkenden Abgasen versuchten Familien, sich eine gewisse Art von Heim zu schaffen. Einige hausten einzig unter Decken, die sie an Mauern befestigt hatten. Die Decken waren so gespannt, dass sich zwischen der Mauer und der Decke eine Art Hohlraum bildete. Dort lebten diese Menschen. Andere wohnten unter Treppenabsätzen und wieder andere hatten sich durch, bei uns würde man es Sperrmüll nennen, Bretter und Plastikplanen kleine Hütten gebaut. Der komplette Alltag dieser Menschen spielte sich am Straßenrand vor ihren Behausungen ab.

Abb. 9 Eine typische Straßenrandszene

Ich sah Mütter, die ihre kleinen Kinder in dreckigen Wasserlachen badeten, Erwachsene wuschen sich komplett nackt aus Wassereimern und Frauen bereiteten auf dem Gehweg Essen zu. Ich war irritiert und dachte an meine leiblichen Eltern. Bin ich auch auf der Straße zur Welt gekommen? Leben meine Eltern auch unter diesen Umständen? Ich fand das alles so bitter und schrecklich und konnte keinen klaren Gedanken fassen. Natürlich war mir bewusst, dass ich nicht ohne Grund zur Adoption freigegeben worden war, aber war der Grund diese hoffnungslose, rein dahinvegetierende Lebensweise?

Bis zum Eintreffen am Red Fort konnte ich an nichts anderes mehr denken als an diese Menschen, die ihr Leben als Ausgestoßene ergeben hinnahmen. Ich hatte in der Schule zwar davon gehört, aber es mit eigenen Augen zu sehen, das ist etwas völlig anderes.

Abb. 10 Bürgersteig in Delhi

Das Fort befindet sich am östlichen Rand der Altstadt von Delhi, indisch: Shahjahanabad, und gehört zum Weltkulturerbe der Unesco. Doris und ich besichtigten dieses Fort zwar ausgiebig und informierten uns über die Entstehungsgeschichte ebenso wie den ehemaligen Zweck, allerdings beobachtete ich viel mehr die Menschen, die sich auf dem Gelände des Forts aufhielten. Hier sah ich endlich

Inder, wie ich sie mir immer ausgemalt hatte. Die meisten Frauen trugen märchenhaft schöne, farbenfrohe Saris. Dieses Farbenmeer zog mich völlig in seinen Bann. Die Menschen schienen entspannt und ungezwungen. Was für ein Gegensatz zu den ausgemergelten, trostlosen Gestalten auf den Straßen, denen ich zuvor begegnet war.

Ich beobachtete Schulklassen von kleinen Kindern, die alle die gleiche Schulkleidung trugen, ein zauberhafter Anblick.

Abb. 11 Schulklasse in Schuluniform

Im Park sah ich Händler, die an bescheidenen, bunten Ständen Früchte, Souvenirs, Postkarten, Getränke und indische Snacks anboten. Ich war zwar total neugierig auf die Snacks, traute mich aber nicht, zu probieren. Zu eindringlich war ich davor gewarnt, ungekochte Speisen zu verzehren.

So verbrachte ich die gesamte Zeit im Fort mit diesen Beobachtungen, bevor es am frühen Nachmittag zu unserem nächsten Ziel gehen sollte, dem Kinderheim der M.o.C. in Delhi.

Die Fahrt zum Kinderheim gestaltete sich nicht anders als die Fahrt zum Fort. Ich beobachtete wieder die Geschehnisse auf den Straßen und hing meinen Gedanken nach. Unvermittelt wurde ich – wir warteten gerade an einer Verkehrskreuzung – durch ein lautes Klopfen an der Türscheibe aus meinen Gedanken gerissen. Ich drehte meinen Kopf herum und sah ein Kind im Alter von circa zehn Jahren. Das Kind schaute mich mit unglücklichen Augen an und bettelte nach etwas zu Essen oder um Geld. Doris und mir wurde bereits vor unserer Reise eindringlich erklärt, diesen Kindern nichts zu geben. Der Grund lag angeblich darin, dass diese Kinder zum Teil durch eine Art Bettelmafia organisiert zum Betteln geschickt würden. Wer noch nie in einer solchen Situation war, kann sich sicherlich nicht ausmalen, wie sehr mir dieser Blick des Kindes weh tat. Bis zur Ankunft am Kinderheim der M.o.C. kam es immer wieder zu solchen Begegnungen und ich fühlte mich total hilflos dabei.

Gegen drei Uhr erreichten wir das Kinderheim. Ich war total angespannt, nervös und aufgeregt. Ich wusste nicht, was mich erwarten würde, aber ich hoffte, endlich Antworten auf meine Fragen zu erhalten. Mir fiel sofort auf, dass das Heim, im Gegensatz zu meinen bisherigen Feststellungen, idyllisch lag. Ich sah kleine Grünanlagen, es drang leise eine schöne Melodie aus dem Inneren bis auf die Straße und alles wirkte sauber. Jetzt stand ich endlich vor dem Tor, das mir meine Eltern bereits beschrieben hatten, und das ich von Fotos kannte.

Neben dem Tor bemerkte ich in circa zwanzig Metern Entfernung eine kleine Kapelle. Offensichtlich feierten in diesem Moment mehrere Schwestern der M.o.C. einen Gottesdienst. Wir begaben uns zum

Eingang der Kapelle und setzten uns im Innenraum etwas abseits, wie auch die Ordensschwestern, auf den Boden. Die Schwestern waren alle mit den typischen weißen Habits bekleidet. Quer über den Oberkörper verlief ein blauer Streifen, der sich an der Stirn der Kopfbekleidung wiederholte.

Für westliche Verhältnisse schien die Kapelle überaus bescheiden eingerichtet. Bis auf einen kleinen Altar mit dem Kreuz befand sich nichts weiter im Innenraum. Das Tageslicht drang hell durch kleine, schmucklose Fenster in das Innere. Spontan nahmen wir an einem Gottesdienst der M.o.C. teil.

Im Anschluss des Gottesdienstes begaben sich die Schwestern, ohne uns weiter zu beachten, in den Innenhof des Kinderheims. Ohne um Erlaubnis zu fragen, folgten wir ihnen. Jetzt sah ich mich endlich am Ziel. Wir gingen zu einem Gebäude mit dem Schriftzug *Office*. Die Eingangstür stand offen und ich trat ein, nachdem ich geklopft hatte. Hinter einem Schreibtisch saß eine ältere Ordensschwester, die mich sofort freundlich begrüßte. Im Office selbst und den angrenzenden Räumen bemerkte ich unzählige kleine Kinder, vom Säuglingsalter bis zu circa sechs Jahre alt. Auf mich machten sie einen gepflegten, aber nicht glücklichen Eindruck.

Ich stellte uns zunächst ausführlich vor, wobei ich im Anschluss der Ordensschwester – leider weiß ich ihren Namen nicht mehr – mein Anliegen erklärte. Ich zeigte ihr Fotos und die Briefe der M.o.C. Ich fragte nach Schwester Sharmin. Für mich schien klar, dass nur Schwester Sharmin meine Fragen beantworten konnte. Ich erzählte von meinem Telefonat mit ihr und dass sie mich erwarten würde.

Erst jetzt fiel mir auf, dass die Freundlichkeit der Schwester offensichtlich aufgesetzt war. Sie reagierte auf meine Ausführungen äußerst kurz angebunden und teilte mir direkt mit, dass sich Schwester Sharmin gegenwärtig nicht im Kinderheim aufhielte. Sie führte nachdrücklich, aber auch gespielt freundlich aus, dass ich froh sein könnte, aus Indien weg zu sein. Ich sollte mich dankbar für diese göttliche Schicksalsfügung zeigen. Auf mein Anliegen ging sie mit keinem Wort ein. Eine weitere Schwester erschien; die werde uns jetzt das Kinderheim zeigen. Ich war völlig perplex von den kurzen Ausführungen und dem offensichtlichen Abwimmeln, dass ich mich gegen den Rundgang nicht mal mehr weigerte. Ich war nicht hier, um mir nur das Kinderheim anzusehen, sondern um mehr über meine Eltern zu erfahren. Im Unterbewusstsein bemerkte ich zwar noch, dass Doris versuchte, an weitere Informationen zu kommen, aber auch das wurde geschickt unterbunden. Insgesamt dauerte mein Gespräch in dem Office nicht einmal zehn Minuten.

Letztlich standen Doris und ich wieder allein gelassen auf dem Innenhof des Kinderheims. Das war jetzt alles, was ich hier an Informationen bekommen konnte? Nein, das durfte doch nicht sein. Die Schwestern hier hatten doch auf jeden Fall mehr Informationen als nur die oben genannten frommen Wünsche. Warum wurden mir die Fakten zu meinen indischen Eltern verweigert?

So sehr ich mich auch ärgerte, dieser Weg erwies sich als Sackgasse. Und nun? Mir fiel wieder Schwester Hemanta ein, die mir ja erklärt hatte, dass es im Kinderheim in Raigarh ein Buch gäbe, in dem ich alle Antworten finden würde. Okay, wenn Delhi keine Informationen für mich hatte, dann eben Raigarh!

Doris und ich fuhren enttäuscht zurück zu unserer Unterkunft. Auf dem Rückweg hielten wir noch an einem Markt, um etwas zu essen. Der Markt vereinigte viele Ständen mit Gerichten, Schmuck, Kleidung sowie viele anderen typischen Handelswaren. Wir aßen an einem Stand ein gekochtes indisches Gericht, von dem ich den Namen allerdings nicht mehr kenne. Während des Essens unterhielten Doris und ich uns über die Situation in dem Kinderheim.

Trotz meiner Enttäuschung hatte ich noch die Hoffnung auf das Buch in Raigarh. Aus dieser Perspektive erschien mir meine Enttäuschung über die Schwestern in Delhi nicht mehr so spektakulär. Ich war mir sicher, bei dieser Reise meine Antworten zu finden. In unserer Unterkunft gingen wir sofort völlig müde zu Bett.

11. Der zweite Tag in Delhi

Wie am Tag zuvor vernahmen wir beim Aufwachen wieder Geräusche aus der Küche. Es erwartete uns erneut ein liebevoll zubereitetes Frühstück. Darshan und Murli waren natürlich wissbegierig, was ich im Kinderheim herausgefunden hatte. Wir berichteten ausführlich von unserem kurzen Besuch und dem Umstand, dass mich die Gespräche in dem Kinderheim nicht vorangebracht hatten. Darshan zeigte sich von unseren Erzählungen sehr bewegt und konnte überhaupt nicht verstehen, warum mir die Schwestern nicht helfen wollten. Es stand für sie außer Frage, dass es mein Recht sei, meine Abstammung zu erfahren. Da aber auch sie keine Lösung für dieses Problem hatte, blieb ihr einfach nur, mich in den Arm zu nehmen und fest zu drücken.

Abb. 12 Lotustempel in Neu-Delhi

Bevor wir in unseren zweiten Tag in Delhi starteten, wies Murli unseren Taxifahrer wieder in das beabsichtigte Tagesprogramm ein. Dieser Tag stand völlig im Zeichen von Sightseeing. Wir wollten einige Märkte, Tempel und den Saga Department Store besuchen.

So führte uns unsere erste Fahrt zum bekannten Lotustempel. Was für ein imposantes Gebäude! Doris und ich informierten uns ausgiebig über den Ursprung, den Zweck und den Erbauer des Tempels, wobei diese Informationen wieder mal an mir vorbeigingen. Ich war erneut viel zu sehr damit beschäftigt, die Menschen und die Umgebung zu beobachten. Es schien, als versuchte ich, in den Gesichtern der Menschen Ähnlichkeiten zu mir zu finden.

Wieder war ich fasziniert von den bunten Saris, den langen dunklen Haaren der Frauen und den überall offensichtlichen kulturellen Eindrücken.

Unvermittelt fühlte ich mich unwohl. Zu Beginn unserer Reise hatte mir der Vater meines damaligen Freundes, ebenfalls Friseur, einen angeblich modischen Kurzhaarschnitt verpasst. Dazu kam der Umstand, dass ich typisch westlich Kleidung trug, also eine normale Jeans und eine schwarze Jack-Wolfskin-Jacke. Im Gegensatz zu den vielen attraktiven Frauen kam ich mir wie ein Mann vor. Dass ich mich mit dieser Selbsteinschätzung nicht vertan hatte, sollte ich ein paar Tage später in Raigarh noch spürbar feststellen.

Viel zu rasch verging die Zeit. Ich hätte den kompletten Tag einfach am Tempel sitzen bleiben und die Menschen beobachten können. Doch Doris riss mich aus meinen Gedanken und wir fuhren weiter zum Saga Department Store, dem Lodhi Garden und einem Freiluftmarkt. Bei unseren Stopps an den jeweiligen Örtlichkeiten schlenderten wir gemütlich über die Plätze und durch die Shops. So verging die Zeit bis circa sieben Uhr und wir begaben uns mit unserem Fahrer wieder auf den Heimweg.

Im Verlauf der Rückfahrt entdeckte Doris am Straßenrand zwei Lokale mit bekannten Logos. McDonald's und Pizza Hut. Spontan beschlossen wir, unser Abendessen bei Pizza Hut einzunehmen. Das Lokal und vor allem die Pizzen unterschieden sich zu unserer Freude nicht von den Lokalen in Deutschland. Amüsant fanden wir allerdings die vielen kleinen Roller vor der McDonald's-Filiale. Die waren in den Unternehmensfarben lackiert und trugen das typische McDonald's-Logo. Bei diesen Rollern handelte es sich um einen McDonald's-Bringdienst, analog zu Pizzadiensten.

Wir stellten uns spaßigerweise die Frage, wie man auf die Idee kommen kann, sich etwas von McDonald's nach Hause zu bestellen.

Abb. 13 McDonald's-Delivery

Allerdings wussten wir da noch nicht, dass dieser Trend auch Jahre später in Deutschland Einzug halten sollte. Da waren uns die Inder auf jeden Fall ein gutes Stück voraus.

Nach unserer Rückkehr zu Darshan und Murli verbrachten wir den restlichen Abend zunächst mit dem Packen unserer Koffer, da es bereits am nächsten Tag weiter über Raipur nach Raigarh gehen sollte. Ich war mir sicher, dass ich in meinem Geburtsort Raigarh alle nötigen Antworten erhalten sollte. Wir setzten uns nach dem Packen noch einige Zeit im Wohnzimmer mit unseren Gastgebern zusammen, bevor wir letztlich müde zu Bett gingen.

12. Raipur und Raigarh

Wie bei unserer Ankunft in Delhi brachte uns Murli auch wieder zurück zum Flughafen. Es war der 30. Dezember 2007 und unser Flug von Delhi nach Raipur war für 16:20 Uhr geplant. Wir waren überaus zeitig am Flughafen, wohlwissend, dass sich die Sicherheitskontrollen hinziehen konnten. Der Abschied von Murli gestaltete sich unspektakulär, da wir auf unserer Rückreise nach München noch mal eine Nacht bei den beiden zu Gast sein würden.

Um circa sechs Uhr landeten wir nach einem kurzen Flug auf dem Flughafen von Raipur. Hier erwartete uns bereits ein Fahrer des ›Hotel Babylon‹, wo wir eine Übernachtung gebucht hatten. Auf einem Pappschild, das der Fahrer trug, konnte ich deutlich meinen Namen, Mrs. Isabel Hövels lesen. Die Fahrt vom Flughafen zum Hotel dauerte nicht lange und so trafen wir dort um circa 19:30 Uhr ein. Den restlichen Abend verbrachten wir einzig mit einem leckeren Abendessen.

Am nächsten Morgen, es war der Silvestermorgen, standen wir gegen neun Uhr auf und packten bereits wieder unsere Sachen zusammen. Im Anschluss begaben wir uns in die Lobby, wo Sunil auf uns wartete. Sunil erkannte uns beim Betreten sofort und begrüßte uns überaus freundlich in gutem Englisch.

Das war also Sunil, auf den wir uns ab jetzt verlassen sollten? Wir hatten uns einen erwachsenen und kompetenten Mann vorgestellt, was Sunil beim ersten Anblick überhaupt nicht war: circa eins sechzig groß, überaus schlank und gerade einmal einundzwanzig Jahre alt. Insgesamt machte er auf uns einen lieben, unorganisierten, ja teilweise chaotischen Eindruck. Ich bezweifelte zunächst sehr stark, dass er den Rest unserer Reise ernsthaft unter Kontrolle hatte.

Dieses Chaotische sollten sich auch während der zweiten Indienreise mit Mike nicht ändern, als Sunil uns durch einen circa achthundert Meter langen Zug führte. Dazu aber später mehr.

Abb. 14 Sunil mit Doris und mir

Doris und ich mussten uns ab jetzt also trotz aller Bedenken auf Sunil verlassen.

Vor dem Hotel wartete erneut ein Taxi mit Fahrer, das Sunil organisiert hatte. Der Fahrer des Taxis, Mahesh, sollte uns während unseres gesamten Aufenthaltes in Raigarh begleiten. Mahesh war ungefähr vierzig Jahre alt und ebenfalls nur so groß wie Sunil. Bis auf ein paar wenige englische Vokabeln sprach Mahesh nur Hindi. Allerdings hielt ihn das nicht davon ab, uns alles genau und ausführlich zu erklären. Erstaunlich, dass Doris und ich trotzdem viel verstanden. Wenigstens mutmaßten wir das.

Die Fahrt nach Raigarh sollte circa fünf Stunden dauern und führte uns gefühlt quer durch Indien. Neben der Gegebenheit, dass es sich bei den Straßen eher um Sand- und Huckelpisten handelte, konnten die Stoßdämpfer unseres Gefährts auch nicht recht überzeugen.

Ich verbrachte den Großteil der Fahrt damit, die Landschaft und die Umgebung zu beobachten. Die Straßen waren gesäumt von vielen Menschen, Kühen, Hunden und auch Haus- und Wildschweinen. Wir durchquerten aber auch abermals kleinere Dörfer, die mit zunehmender Entfernung zu Raipur auch stets bescheidener wirkten. Dieser subjektive Eindruck drängte sich mir durch die Wahrnehmung auf, dass die Menschen immer ungepflegter und unterernährter ausschauten. Waren die Hütten zum Anfang der Fahrt aus Stein und Lehm gebaut, so bestanden sie im Inland oft nur aus Stroh. Trotz dieser offenkundigen Armut machten die Menschen auf mich aber einen überaus glücklichen und zufriedenen Eindruck. Noch heute kann ich diesen Widerspruch mit meinen westlichen Vorstellungen nicht ganz nachvollziehen.

Nach ungefähr der Hälfte der Strecke machten wir in einem Dorf eine kurze Pause. Sunil und Mahesh versorgten sich in einem kleineren Imbiss mit Essen, Doris und ich tranken eine Cola. Es dauerte nicht lange und unser Auto und wir waren von den Bewohnern des Dorfes voller Neugier umgeben. Wir fühlten uns zunächst völlig unwohl und angestarrt. Schnell verstanden wir jedoch, dass uns die Menschen nichts Böses wollten, sondern einfach noch nie Europäer gesehen hatten.

Im weiteren Verlauf der Fahrt wurde ich immer nervöser. Mit jedem Kilometer mehr sah ich immer größeres Elend. Ich war geschockt. Die Menschen lebten aus meiner Sicht unter noch schwierigeren Bedingungen, als ich sie bereits in Delhi gesehen hatte.

Es war schwül und warm und es roch überall arg aufdringlich, wodurch mir übel wurde. Ich erkannte, dass ich aus einer sehr armen Gegend stammen musste und mein Leben in Indien vermutlich in der gleichen Art verlaufen wäre.

Abb. 15 Auf dem Weg nach Raigarh

Ich musste mich stark zusammenreißen, nicht weinend zusammenzubrechen. Doris erkannte natürlich, dass es mir emotional nicht gutging, und erkundigte sich häufig, ob alles okay sei. Durch ihren Brasilienaufenthalt waren ihr derartige Armutserscheinungen bereits bekannt und sie konnte damit offensichtlich besser zurechtkommen als ich. Für mich stellten diese Eindrücke aber einen mächtigen Schock dar, den ich erst einmal verarbeiten musste.

Es war gegen halb sechs, als wir Raigarh erreichten. Während der Anfahrt auf die Stadt registrierten wir immense Industriegebiete.

Sunil erklärte uns, dass Raigarh eine Industriestadt mit rund 137.000 Einwohnern sei und dort gigantische Mengen an Eisenerz abgebaut werde. Wegen der vielen Hochöfen hing fast immer eine dichte, dunkle Dunstglocke über der Stadt, die der Stadt den inoffiziellen Namen Dust City einbrachte. Auf den Straßen fuhren überwiegend indische LKW der Marke TaTa und meine geliebten Tuk-Tuks. Die LKW, in den buntesten Farben lackiert, trugen unzählige indische Ornamente, Figuren und aufgemalte Götter. Was für ein Gegensatz zu den grauen Straßen und Gebäuden! Wenn sich in Indien aber eins nicht ändert, dann ist es die Tatsache, dass dort gefahren wird, wo Platz ist und dass auf jeden Fall zu hupen ist. So wie in Delhi die PKW und Tuk-Tuks fuhren, fuhr man in Raigarh auch mit den LKW. Es ist schon beeindruckend, wenn unvermittelt links und rechts und vorne und hinten riesige LKW stehen und hupen.

Letztlich erreichten wir Sunils Heim. Dieses Heim glich eher einer einfachen Hütte, die aus mehreren Räumen bestand und innen nur spärlich beleuchtet erschien. Wir wurden ungemein warmherzig von Emiliana, Olivia und Lovely begrüßt. Emiliana, die Tante von Sunil und die Schwester von Ordensschwester Asit, war eine kleine, herzliche, rundliche und gemütliche Frau von geschätzt fünfundvierzig. Ich war völlig erstaunt, als ich erfuhr, dass Emiliana als Professorin für Ökonomie am Mädchen-College von Raigarh unterrichtete, das zur Bilaspur-Universität gehört. So hatte ich mir in Wirklichkeit keine Professorin in Indien vorgestellt. Dieser Umstand und die Art, wie Emiliana sich gab, relativierten meine Sicht auf die Dinge, wie die anderen Menschen in Indien lebten. Olivia und Lovely waren zwei der Cousinen von Sunil.

Emiliana deutete uns, dass wir zunächst unsere Sachen ablegen und uns dann auf eine Bank, die mitten im Raum stand, setzen sollten. An diesen Hauptraum grenzte ein kleinerer, abgewinkelter

Raum, bei dem es sich offensichtlich um die Küche handelte. Hier hatte Emiliana bereits ein indisches Dal vorbereitet, ein Gericht aus Reis, Hühnchen und Soße.

Während ich mich noch in den Räumen orientierte, bemerkte ich über mir, auf einem Holzbalken, einen dunklen Schatten. Erst konnte ich nicht eindeutig erkennen, um was es sich dabei handelte, doch dann sah ich deutlich eine kleine dunkle Ratte.

Okay, jetzt steckte ich in einer Zwickmühle.

Es war zunächst vereinbart, dass Doris und ich bei Emiliana übernachten sollten. Das kam für mich aber jetzt überhaupt nicht mehr in Betracht. Doris, die die Ratte ebenfalls bemerkt hatte, schaute mich zustimmend an, als ob sie ahnte, was in diesem Augenblick in mir vorging. Wie sollte ich nun diesen wirklich herzlichen und hilfsbereiten Menschen erklären, dass ich aufgrund meiner verwöhnten Kultur nicht bei ihnen schlafen wollte. Noch bevor ich für mich eine Antwort finden konnte, reichte mir auch schon Olivia einen Aluminiumteller mit Dal. Es roch einfach vorzüglich, jedenfalls so lange, bis ich bemerkte, dass das Hühnchen noch blutig war. Folglich aßen Doris und ich auch nur ganz wenig Reis mit Soße und im Anschluss eine Banane.

Jetzt ergriff Doris die Initiative und erklärte Sunil, dass wir in einem Hotel übernachten wollten. Natürlich war der Grund nur vorgeschoben, dass wir in den beengten Räumlichkeiten Sunil und seiner Familie nicht zu Last fallen wollten, aber Emiliana hatte sofort Verständnis und lächelte uns wieder herzlich an. Ob wir mit unserem Verhalten Emiliana verletzt hatten, habe ich nie herausgefunden. Auch bei meiner zweiten Reise war Emiliana wieder so herzlich und lieb zu mir, dass ich denke, dass unsere Reaktion wirklich für sie in Ordnung war.

Abb. 16 Lovely – Olivia – Emiliana

Während unseres Aufenthaltes bei Emiliana hatte sich Sunil zuvor um Mahesh gekümmert und war mit ihm etwas essen gegangen. Sunil und Mahesh brachten uns später gegen halb sieben Uhr zum Hotel ›Jindal Regency‹, einem einfachen, aber auffallend sauberen Drei-Sterne-Hotel, das nur knapp fünf Minuten von Emilianas Haus entfernt lag. Doris und ich buchten uns ohne weitere Probleme ein Doppelzimmer.

Während wir mit dem Einchecken beschäftigt waren, fragte ich mich, wo Mahesh schlafen würde. Besorgt fragte ich Sunil, der mir erklärte, dass ich mir darüber keine Gedanken machen müsste. Erst später erfuhren wir, dass Mahesh die anschließenden drei Nächte bei Sunil verbrachte. In ähnlichen Situationen hatte ich immer das

Gefühl, dass es in Indien nie Probleme gäbe. Alles wurde einfach und pragmatisch gelöst. Auf irgendeine Weise bewundernswert.

Bevor sich Sunil von uns verabschiedete, lud er Doris und mich noch zu einer katholischen Silvestermesse ein. Die sollte in einer nahegelegenen Kirche um neun Uhr beginnen. Den gesamten Tag über hatte ich völlig verdrängt, dass heute ja der Silvesterabend war. Ich sagte Sunil sofort zu, da ich für mich die Möglichkeit sah, viele Menschen aus Raigarh zu sehen und so, wenn auch nur sehr kurz, Teil ihrer Gemeinschaft zu werden. Insgeheim hoffte ich auch, was natürlich absurd war, womöglich in den Gesichtern Ähnlichkeiten zu mir zu entdecken.

Die verbliebende Stunde bis zum Beginn der Messe bestand im Wesentlichen zunächst daraus, einfach nichts zu tun. Ich hing in unserem Zimmer meinen Gedanken nach und versuchte, einige Zeilen in mein Tagebuch zu schreiben. Natürlich musste ich auch noch meinen Eltern, die bereits vergeblich versucht hatten uns zu erreichen, Bericht erstatten.

Meine Mutter konnte bei diesem Telefonat nicht nachvollziehen, warum wir in einem Hotel übernachten würden. Ich hatte zu diesem Zeitpunkt aber auch keine Kraft und Lust, mit ihr über meine Erfahrungen zu diskutieren. Es war wie so oft, dass meine Mutter sich ihre Meinungen durch Recherchen im Internet bildete und von denen auch nur schwer abzubringen war. Sie konnte oder wollte meine Erfahrungen nicht verstehen, worauf ich das Telefon verzweifelt einfach weiter an Doris gab. Ich war einfach zu stark emotional durch die gesammelten Eindrücke belastet, um mich auch noch auf eine Diskussion mit meiner Mutter einzulassen. Zu schwer lagen mir die bisherigen Erfahrungen auf der Seele. Doris verstand es natürlich, ihr unsere Entscheidung plausibel zu vermitteln.

Während ich mich für die Messe zurechtmachte, klingelt unerwartet das Zimmertelefon. Doris nahm ab und befand sich unvermittelt in einem Gespräch mit dem Hotelmanager. Da ich nur hörte, was Doris sagte, verstand ich nicht, worum es bei diesem Telefonat ging. Aber an den Reaktionen von Doris erkannte ich, dass es etwas Erfreuliches sein musste. Doris beendete kurz darauf auch schon wieder das Gespräch und drehte sich grinsend zu mir um. »Also, wenn du Lust hast, wir sind noch zu einer Silvesterparty hier im Hotelgarten eingeladen. Der Manager würde sich äußerst freuen, wenn wir kämen.« Natürlich hatte ich Lust! Aber zunächst freute ich mich auf die Messe.

Sunil und Mahesh holten uns um zehn vor neun am Hotel ab. Die Fahrt zur Kirche dauerte nicht länger als circa zehn Minuten. Als wir ankamen, versuchte ich zunächst, die Kirche zu betrachten. Allerdings konnte ich nur erkennen, dass es sich um eine weiße, kleine Kirche mit einem Kirchturm handelte, da uns Sunil zur Eile drängte. »Come in! Come in!«

Er öffnete bemüht leise die Türen der Kirche und wir betraten den Innenraum. In der Kirche gab es circa fünfzehn im Mittelgang getrennte Bankreihen, die bereits fast vollständig gefüllt waren. Mir fiel sofort auf, dass die Frauen ausschließlich auf der linken und die Männer auf der rechten Seite saßen. Ich war sehr enttäuscht darüber, dass die Frauen ihre Köpfe mit Schals bedeckt hatten. Zwar waren die Gesichter nicht verschleiert, aber so viel es mir schwer, nach Ähnlichkeiten zu suchen. Zusätzlich waren die Lichtverhältnisse in der Kirche für mein Vorhaben ebenfalls nicht ideal. Lediglich der vorne gelegene Altar, der noch weihnachtlich geschmückt erschien, wurde durch eine Lichtquelle erleuchtet. Wir setzten uns, ohne dass wir weiter beachtet wurden, wie vorgegeben in die letzte Reihe der

Bänke, Doris und ich links und Sunil rechts. Mahesh wartete als gläubiger Hindu während der Messe im Taxi.

Die Messe begann mit dem Einzug des Priesters in die Kirche, wobei er von einem Kaplan, vier Messdienern sowie dem Gesang der Gemeinde begleitet wurde. Der Priester und die Messdiener trugen schlichte weiße Gewänder ohne jegliche Verzierungen. Ich konnte aufgrund der Sprachdefizite dem Gottesdienst natürlich nur bedingt folgen, doch bemerkte ich im Ablauf wesentliche Parallelen zu den Gottesdiensten in Deutschland. Im fortschreitenden Verlauf der Messe erkannte ich mehrere Ordensschwestern der M.o.C. an den typischen weißen Habits. Ich beobachtete die Schwestern sehr genau und stellte mir dabei die Frage, ob sich unter ihnen auch Schwester Constantina befände. Da ich allerdings überhaupt nicht wusste, wie sie aussah, blieb diese Frage unbeantwortet.

Zur heiligen Kommunion blieben Doris und ich in der Bankreihe, da wir durch unsere westliche Erscheinung keine Aufmerksamkeit erregen wollten. Auch während dieser Zeremonie wurde die Geschlechtertrennung eingehalten. Zuerst empfingen die Männer und danach die Frauen ordentlich getrennt die in goldenen Kelchen vorbereiteten Hostien. Dieses Vorgehen wirkte auf mich überaus befremdlich. Es scheinen zwar nur Kleinigkeiten zu sein, allerdings verdeutlichten sie mir den offensichtlichen Stellenwert der Frauen in Indien.

Im Laufe des gesamten Gottesdienstes beobachtete uns Sunil immer wieder. Zu groß schien seine Sorge, dass wir uns womöglich unwohl fühlen könnten. Auch hatte ich den Eindruck, dass er ein klein wenig stolz war, mit uns gemeinsam in seiner Gemeinde den Gottesdienst zu feiern.

Im Anschluss an den Gottesdienst begaben wir uns sofort nach draußen. Ich bemühte mich, die Menschen zu beobachten, wurde aber unbewusst durch Sunil und Doris mit zum Taxi gezogen. Beide gingen so raschen Schritts in Richtung Taxi, dass ich nur mit Mühe den Anschluss halten konnte. Im Nachhinein betrachtet, hätte ich mich gerne der Gemeinde in der Kirche vorgestellt. Oft denke ich daran, dass es womöglich unter den vielen Menschen eine Person gab, die sich an meine Geschichte hätte erinnern können. Wie häufig werden schon zwei Zwillingsmädchen geboren und dann zur Adoption frei gegeben?

Während der kurzen Fahrt zum Hotel verabredeten wir uns für den nächsten Morgen um elf Uhr. Es sollte endlich zu dem Ort gehen, an dem ich in die Obhut der M.o.C. übergeben wurde: das M.o.C.-Kinderheim Raigarh.

Im Laufe des Abends kam es dazu, dass ich zum ersten Mal in Indien meine Gedanken in Bezug auf meine Suche vergaß. Beim Betreten der Hotellobby vernahmen Doris und ich aus Richtung des Hotelgartens Musik, einen Mix aus Techno und Bollywood. Natürlich, die Silvesterparty. Voller Offenheit begaben wir uns zur Terrasse und konnten dort bereits einige Paare tanzen sehen. Der Garten erstrahlte überaus festlich mit Blumengirlanden, dekorierten Tischen und unzähligen Kerzen geschmückt. In diese Szenerie fügten sich die unzähligen Frauen in ihren märchenhaft schönen bunten Saris traumhaft ein.

Im krassen Gegensatz dazu standen die Männer mit ihren schlichten Hemden und Jeans. Was für ein Stilbruch! Natürlich standen Doris und ich auch im Kontrast zu den wunderschönen Frauen mit unseren Fleecejacken und Jeans, wodurch wir ungewollt Aufmerksamkeit auf uns zogen. Jetzt bemerkte uns auch der Hotelmanager, der uns herzlichst begrüßte. Er erklärte uns umgehend, offensichtlich ist in Indien der Gedanke weit verbreitet, dass alle Europäer Bier trinken, dass es auf der Party leider kein Bier oder sonstigen Alkohol gäbe. Er lud uns ersatzweise zu einem Bier in sein Büro ein, was wir zunächst argwöhnisch akzeptierten. Schnell zeigte sich aber, dass er voller Interesse für unsere Geschichte war.

Während des Eincheckens wurden routinemäßig unsere Pässe kopiert. Dieser Umstand erlaubte es ihm, festzustellen, dass ich gebürtig aus Raigarh stammte. Ich musste bei nicht ganz drei Flaschen Bier meine bisherige Lebensgeschichte erzählen. Aufmerksam und mit großer Anteilnahme hörte er sich alles genau an, sagte mir aber auch, dass ich froh sein könnte, in Deutschland zu leben.

So verging die Zeit doch rasant bis zur Jahreswende und wir begaben uns rechtzeitig wieder in den Hotelgarten. Über unseren Köpfen knallte und leuchtete ein prachtvolles Feuerwerk, die Familien und Pärchen hielten sich verliebt, zugeneigt und geborgen in den Armen. Was für ein schöner Abschluss unseres ersten Abends in Raigarh. Gegen eins fielen Doris und ich, leicht angeduselt, ins Bett.

13. Das Kinderheim der M.o.C. in Raigarh

Wie verabredet wartete am nächsten Morgen um elf Sunil auf uns in der Lobby. Jetzt sollte es endlich so weit sein. Ich zeigte mich bei dem Gedanken daran, dass ich kurz davor stand, die Hintergründe meiner Adoption zu erfahren, erstaunlich unaufgeregt. Doris nahm mich, bevor wir in unser Taxi zu Mahesh stiegen, noch einmal fest in den Arm. Ich bemerkte, ohne dass sie etwas sagte, ihre Anspannung. Auf irgendeine Weise schien sie aufgeregter als ich.

Die Fahrt zum Kinderheim dauerte ungefähr zwanzig Minuten, wobei wir gefühlt einmal quer durch Raigarh fuhren. Ich beobachtete, wie für mich fast schon selbstverständlich, während der gesamten Fahrt die Menschen auf den Straßen. Nichts, aber auch gar nichts unterschied sich zu meinen bisherigen Beobachtungen. Auch wenn man glaubt, sich an den Anblick dieser armen, auf den Straßen lebenden Menschen gewöhnen zu können, so kann ich nur sagen, dass ich das nicht konnte. Ich sah im Leben dieser Menschen mein Leben, das ich vermutlich auch hätte führen müssen. Sollte ich meiner leiblichen Mutter böse sein, dass sie mich abgegeben hat, oder sollte ich dankbar sein? Ich wusste es nicht. Ich war hin- und her gerissen in meinen Gedanken und weinte. Natürlich bemühte ich mich, dass niemand im Taxi das bemerkte, aber ob mir das gelungen ist? Jedenfalls ließ sich niemand etwas anmerken.

Noch bevor ich es registrierte, sagte Sunil: »Okay, here we are.« Ich sah aus dem Fenster und konnte eine hohe, mit weißer Farbe angestrichene Lehmmauer sowie ein verschlossenes blaues Tor erkennen. Sunil, Doris und ich verließen das Taxi und begaben uns zum Tor. Der Zugang zum Gelände des Heimes war natürlich verriegelt, worauf ich die am Tor befestigte Schelle betätigte.

Abb. 17 Sunil und ich vor dem Tor des Kinderheims in Raigarh

Mein Herz schlug hierbei nicht einen Takt rascher. Ich war völlig beherrscht und entspannt. Wie konnte das sein? Vermutlich lag es daran, dass ich mich in dem Moment überaus stark und siegessicher fühlte. Was sollte jetzt auch noch Unerwartetes passieren? Hier ist das Heim, hier bin ich und im Heim befindet sich das Buch mit meinen gesuchten Informationen.

Während wir auf das Öffnen warteten, sagte niemand etwas. Es dauerte einige Zeit, bis ich hörte, dass von der Innenseite des Tores mehrere Riegel aufgeschoben und endlich das Tor geöffnet wurde. Schwester Silvia, so stellte sich die Ordensschwester vor, lächelte uns herzlich an. Ihre Augen steckten hinter einer extrem großen Brille und ich hatte das Gefühl, dass sie äußerst blass wirkte. Ihr Alter schätzte ich auf ungefähr sechzig Jahre und sie war allem Anschein nach Europäerin. Noch bevor ich etwas ausführen konnte, erklärte Sunil Schwester Silvia auf Hindi den Grund unseres Besuches. Dabei stellte er auch Doris und mich vor. Natürlich konnte ich das Gespräch nicht verstehen, aber Sunil schilderte mir später genau, was er der Schwester berichtet hatte.

Dann wandte sich Schwester Silvia an uns und verdeutlichte mir freundlich, aber nachdrücklich, in englischer Sprache, dass unser Besuch überaus ungelegen käme. Die Schwestern sähen sich heute nicht in der Lage, mich zu empfangen, aber ich könnte mich gerne auf dem Gelände wie auch im Inneren des Heimes umsehen. Als alternativen Besuchstermin schlug sie den darauffolgenden Tag vor.

Unvermittelt stellte sich bei mir wieder dieses Unbehagen ein. Ich hatte aufs Neue das Gefühl, dass ich hier abgewimmelt werden sollte. Obwohl Schwester Silvia freundlich und nett schien, wirkte auch diese Freundlichkeit wiederum nur aufgesetzt. Ich erkannte erstaunliche Parallelen zur Oberschwester in Delhi. Wollte man mir meine wahre Abstammung tatsächlich verschweigen oder bildete ich mir das alles nur ein. So mochte ich das hier nicht geschehen lassen. Ich fragte Schwester Silvia direkt nach Schwester Constantina, an die ich mich nach Aussage von Schwester Hemanta wenden sollte.

Schwester Silvia schaute mich einen Bruchteil einer Sekunde gefühlt erschrocken an, bevor sie mir kurz und knapp erläuterte »She is gone, she is in Calcutta.«

Okay, was nun? Wie konnte es sein, dass ich angeblich immer ungelegen erschien und immer die Personen, an die ich mich wenden sollte, nicht anwesend waren. Für Schwester Silvia war hiermit dieser Teil der Unterhaltung beendet und sie lud uns nun überfreundlich, so kam es mir jedenfalls vor, ein, uns im Heim kurz umzusehen.

Wir betraten daraufhin einen hinter dem Tor angesiedelten Gebäudetrakt. Ich konnte unzählige kleine Kinderbetten sehen, in denen zahlreiche Kleinkinder und Neugeborene lagen. In diesem Gebäude war es auffällig leise und still. Die meisten Kinder schliefen ruhig und schienen auch sonst wohl umsorgt zu sein. Trotz dieser augenscheinlichen Idylle beschlich mich ein ungutes Gefühl. Ich musste immer noch daran denken, dass ich immer und immer wieder abgewimmelt wurde. Was wollte man mir hier verschweigen?

Ohne dass ich gefragt hatte, berichtete Schwester Silvia in die Stille hinein, dass auch ich bereits hier in einem Bettchen gelegen hatte. Ich nahm das einfach zur Kenntnis. Ich fühlte mich unerwartet unwohl, was vorwiegend daran lag, dass mich Schwester Silvia immer und immer wieder von oben bis unten musterte.

Wieder war es Doris, die versuchte, die Situation zu nutzen. Sie fragte Schwester Silvia, ob es gestattet sei zu filmen. Schwester Silvia stimmte zu, drängte uns aber auch zugleich, dass sie nicht mehr viel Zeit hätte. Doris filmte einige kurze Sequenzen und wir verabschiedeten uns mit dem Versprechen, am nächsten Tag erneut zu kommen. Schwester Silvia begleitet uns mit den Worten »no problem, til tomorrow« zum Tor und schloss das sehr rasch und ohne weitere Worte hinter uns.

In meinem Kopf kreisten die Gedanken. Was wurde mir hier verheimlicht? Wo waren all die Schwestern, an die ich mich wenden sollte? Warum kam ich trotz Anmeldung immer ungelegen? Mich beschlichen zum ersten Mal Zweifel, dass mit meiner Adoption tatsächlich alles rechtmäßig abgelaufen war. Ohne aber das echte Ausmaß, wie es sich später gestaltete, zu kennen, waren es im Moment nur wirre, ungeordnete Gedanken. War es wieder nur eine Sackgasse, oder sollte ich morgen endlich mehr erfahren. Mir blieb im Moment eh nichts anderes übrig als zu warten. Auch konnte und wollte ich nicht glauben, dass ich hier belogen würde. Schließlich handelte es sich bei den Ordensschwestern doch um jene eines katholischen Ordens. Nein, die konnten nicht lügen.

Sunil, den wir mittlerweile als überaus einfühlsamen Menschen erlebt hatten, versuchte, die Situation zu entspannen. Er erzählte uns von einem Brauch, dass sich Freunde und Bekannte am Neujahrstag immer zu einem Picknick träfen. Er lud Doris und mich ein, was wir natürlich sehr gerne annahmen. Wieder eine Gelegenheit für mich, Zeit mit Menschen zu verbringen, die womöglich mit mir verwandt sein könnten.

14. Neujahrspicknick

Mit Mahesh fuhren wir gegen zwölf Uhr ungefähr zehn Minuten ins Hinterland von Raigarh. Die Fahrt führte hierbei in ein Waldgebiet, bevor wir an einer steilen Böschung anhielten. Der Wald unterschied sich deutlich von der Art Wald, wie ich ihn aus Deutschland kannte. Nicht einen Baum, Strauch oder Blume konnte ich namentlich benennen. Viele der Gewächse hatte ich zuvor nie gesehen. Ich empfand die Vegetation als überaus farbenprächtig; ich hatte erwartet, dass die Bäume und Sträucher wesentlich ausgedörrter seien. Zumindest erschien mir das auf unserer Fahrt von Raipur nach Raigarh so.

Sunil schritt zielstrebig voran und Doris und ich folgten ihm. Mahesh wollte wie gewohnt wieder am Taxi warten. Ich habe nie erfahren, was er da immer gemacht hat, aber ich glaube, er war ein Mensch, der viel Schlaf brauchte. Das schreibe ich mit einem Schmunzeln. Wenigstens hatte es nichts damit zu tun, dass wir ihm unsympathisch gewesen wären.

Sunil führte uns ungefähr zwanzig Minuten lang immer tiefer in den Wald hinein. Wir durchquerten auch den Kelo River, der an seiner tiefsten Stelle lediglich circa vierzig Zentimeter tief war. Ohne auch nur ansatzweise an wilde Tiere und Schlangen zu denken, die ohne Zweifel in Indien existieren, folgten wir Sunil, bis zu einer kleinen Lichtung.

Dort trafen wir schließlich auf circa vierzig Freunde und Bekannte von Sunil, die sich mitten in den Essensvorbereitungen befanden. Kleinere Gruppen, die aus jungen Männern und jungen Frauen bestanden, waren mit unterschiedlichen Aufgaben beschäftigt. Eine Gruppe schnitt Gemüse, eine andere bereitete in der Mitte der Lichtung eine Feuerstelle, eine weitere Gruppe faltete aus großflächigen

Blättern tellerartige Gegenstände und wiederum eine andere Gruppe schlachtete mehrere Hühner. In der Gruppe, die sich mit dem Gemüse beschäftigte, erkannte ich auch Olivia wieder. Sie winkte Doris und mich zu sich und stellte uns anschließend stolz den anderen auf Hindi vor.

Abb. 18 Impressionen vom Picknick

Natürlich war Doris mit ihre für indische Verhältnisse großen eins dreiundsiebzig und der europäischen Herkunft die Attraktion. Neugierig, aber sehr freundlich und offen, wurden wir von den anderen begrüßt und fühlten uns so rasch als Teil dieser Gemeinschaft. Unser Angebot, bei den Vorbereitungen zu helfen, lehnte Olivia kategorisch ab. Unsere Aufgabe war es einzig und allein, sich wohlzufühlen und zu entspannen. So gehört es sich schließlich für Gäste!

So beobachteten wir einige Zeit voller Neugier das Geschehen, wobei mir abermals die schönen bunten Saris auffielen. Inmitten der Natur strahlten diese Saris noch prachtvoller und farbenfroher als zuvor. Ich fühlte mich unweigerlich in eine romantische Szene aus einem Bollywood-Film versetzt, wobei das hier die Realität war. Immer wenn Doris und ich miteinander sprachen, lauschten sichtbar alle unserem Gespräch. Zu ulkig empfanden sie offenbar unsere ungewohnte Sprache.

Die Zeit bis zum Essen verbrachte ich immer wieder damit, still die Menschen zu beobachten. Erneut versuchte ich, Ähnlichkeiten zu mir zu finden, mir fielen aber keine auf. Ich verschmolz komplett mit der Szenerie. Hier war ich nicht mehr nur das kleine indische adoptierte Mädchen mit der dunkleren Hautfarbe, sondern ich kam von hier. Wenn überhaupt, unterschied sich allenfalls noch meine Kleidung von derjenigen der anderen. Ich fühlte mich ohne Wenn und Aber dazugehörig.

Abb. 19 Picknick am Neujahrstag mit Olivia und Sunil und Freunden

Zum Essen setzten sich alle zusammen um die Kochstelle in das Gras. Neben dem Hühnchen gab es Reis und Gemüse. Die Speisen wurden unter allen gerecht aufgeteilt und auf den vorbereiteten Blättern gereicht, wobei Doris und ich wieder in der Situation waren, wie wir das Essen ablehnen konnten, ohne das es verletzend wirkte. Doch wir hatten uns dieses Mal zu früh darüber Sorgen gemacht, denn Sunil klärte für uns überaus geschickt nebenbei die Situation mit kurzen Worten. Traditionell aßen alle mit der rechten Hand, da die linke in Indien als unrein gilt. Dieses ist auf den Umstand zurückzuführen, dass die linke Hand ausschließlich zu hygienischen Zwecken gebraucht wird. Einzig durch Beobachten konnte ich so viel über die indische Kultur, die Sitten und Gebräuchen lernen und auf diese Weise mehr von mir verstehen.

Während des Essens unterhielten sich alle angeregt über verschiedene Themen. Offensichtlich waren auch wir oft Teil dieser Gespräche, da Sunil oft zu uns rüberschaute und den anderen dann auf Hindi etwas erklärte. Nach der Mahlzeit wollten viele mit uns Fotos machen. So kam es, dass wir gefühlt mit jedem Mädchen und Jungen geknipst wurden. Nichts Ungewöhnliches, wenn man bedenkt, dass viele noch nie Europäer gesehen hatten. Wenn man aber feststellt, dass diese Bilder alle nur mit unserer Kamera gemacht wurden, so erstaunt dieses Verhalten schon. Alle wollten mit uns Bilder, ohne diese aber für sich nutzen zu können. Dank Facebook habe ich anschließend Olivia, auch wenn etwas sehr verspätet im Jahr 2013, diese Bilder geschickt. Auch nach dieser langen Zeit haben sich alle nach Aussage von Olivia noch sehr über die Bilder gefreut.

Wir verweilten noch circa eine Stunde in der Gruppe. Wir setzten uns unter einen alten Baum und genossen das Zusammensein. Doris fand in ihrem Rucksack noch eine Tüte mit Haribo-Bären, die sofort reißenden Absatz fand.

Um fünf Uhr machten wir uns wieder auf den Rückweg. Zuvor packte jeder mit an, um die Lichtung so zu verlassen, wie sie zuvor vorgefunden wurde. Bis auf die Überreste der Hühner blieb nichts zurück, was aufgrund der sonstigen Erfahrung im Umgang mit Müll verwunderte. Der Rückweg führte uns nicht erneut durch den Fluss, sondern über einen schmalen sandigen Pfad in Richtung Raigarh. Die Gruppe verkürzte sich den Rückweg durch Singen und Tanzen. Sunil konnte durch mehr oder weniger gelungene Tanzschritte glänzen. Ich musste herzhaft lachen, worauf auch Sunil überschwänglich lachte.

Wie lange der Rückweg dauerte, kann ich nicht mehr sagen. Jedenfalls standen wir für mich plötzlich unvermittelt auf einem Platz mit farbenprächtigen, aber einfach hergestellten Marktständen. Hier wurden neben CDs mit indischer Musik auch Bananen, Gewürze, Gemüse und Obst angeboten. Zu meiner völligen Überraschung wartete auch bereits Mahesh auf uns. Bis heute kann ich mir nicht erklären, woher er wusste, dass wir auf diesem Markt ankämen.

Ich bat Sunil, nachdem ich ihm das Geld dafür gegeben hatte, mir zwei CDs, Gewürze und Bananen zu kaufen. Völlig erschöpft von den Ereignissen des Tages fuhren wir zurück zum Hotel.

Den restlichen Abend verbrachten Doris und ich in unserem Hotelzimmer. Ich beschäftigte mich zunächst mit dem Schreiben meines Tagebuchs, während Doris in einem Buch las. Jetzt sollte es aber auch Zeit werden für unsere Kochkünste. Den gesamten Tag über hatten wir noch nichts gegessen.

Ob ich zu Hause je auf die Idee gekommen wäre, mir eine Fünf-Minuten-Terrine von Maggi zuzubereiten, kann ich eher mit Nein beantworten. Aber hier und jetzt, hätte es nichts Besseres geben können. Während Doris einen Reisebecher aus Metall mit Wasser holte, kramte ich aus meinem Koffer den Tauchsieder heraus.

Vorausschauend und auf die Erfahrung von Doris gestützt, hatten wir diese Dinge mitgenommen. So saßen wir da, brachten das Wasser zum Kochen und löffelten anschließend genüsslich die Maggi-Sterneküche.

Plötzlich klopfte es an unserer Zimmertür. Über beide Ohren breit grinsend schaute mich Olivia mit ihren wahrlich dunklen strahlenden Augen an. Überraschung! In ihrer Umhängetasche befand sich ihr Freundschaftsbuch, ihr Poesiealbum.

Wir unterhielten uns zunächst einige Zeit über den zurückliegenden Tag, die Eindrücke und unsere schönen Erfahrungen beim Picknick. Olivia zeigte sich spürbar erleichtert, dass uns das Picknick gefallen hat, und bat uns, vielleicht etwas in ihr Buch zu schreiben. Ich nahm das Buch vorsichtig an mich und blätterte zunächst durch einige Seiten. Die Einträge waren mal in englischer Sprache und mal in Hindi verfasst. Ich blieb mit den Augen an einem englischen Eintrag, den ich als sehr bewegend empfand, hängen. Für mich spiegelte dieser Eintrag das wieder, was ich sowohl an diesem Tag beim Picknick, als auch in vielen anderen Situationen in Indien feststellen konnte: Die Freude am Leben, egal wie schwer dieses zu sein scheint. **The happiest people don't have everything in life, they just make the best of everything, that life brings in their way!**

Natürlich schrieben Doris und ich ungemein gerne etwas in dieses Buch, was Olivia sehr glücklich machte.

15. Der zweite Besuch im Kinderheim Raigarh

Wie gewohnt stiegen wir am Morgen des 2. Januar 2008 vor unserem Hotel zu Sunil und Mahesh ins Taxi. Heute sollte ich endlich alles erfahren, wonach ich so lange gesucht hatte.

Die Fahrt zum Heim verging für mich ohne besondere Erinnerungen. Zu sehr konzentrierte ich mich auf die kommende Situation. So überraschend gelassen ich die zurückliegenden Besuche und Enttäuschungen bei den Kinderheimen in Delhi und Raigarh auch hingenommen hatte, umso angespannter war ich an diesem Tag. Vielleicht fühlte ich auch bereits, dass es doch nicht so kommen würde, wie ich es mir sehnlichst erhoffte.

Natürlich hatte sich zum Tag zuvor nichts an der Örtlichkeit geändert, doch ich hatte ein unsicheres Gefühl. Wie gestern betätigte ich die Klingel und wie zuvor empfing uns Schwester Silvia. Bei ihrer Begrüßung machte sie auf mich wieder diesen gespielt freundlichen Eindruck. Nein, es war einfach zu offensichtlich, dass ihr mein Kommen nicht gefiel.

Doris, Sunil und ich begaben uns mit Schwester Silvia in das Innere des Kinderheims, vorbei an unzähligen kleinen Bettchen mit schlafenden Kindern, weiter bis zu einem kleinen Innenhof. Der Platz war von weißen Wänden eingefasst, an denen unter anderem auch ein übergroßes Foto von Mutter Theresa angebracht war. Neben Tisch und Stühlen stand einzig noch eine kleine Weihnachtskrippe auf dem Boden des Hofes. Wir setzten uns an den Tisch und Schwester Silvia eröffnete das Gespräch mit einem scheinbar oberflächlichen Kompliment: »My lovely, you are so beautiful and you have so nice white teeth.«

Wieder diese belanglosen Komplimente. Jetzt wurde es mir absolut zu dumm. Ohne auf Freundlichkeiten zu achten, fragte ich geradeheraus nach meinen leiblichen Eltern.

Was ich jetzt zur Antwort bekam, führte Schwester Silvia in Englisch und Hindi aus, das mir wiederum durch Sunil übersetzt wurde. »Es ist besser, wenn du nicht weißt, wer deine leiblichen Verwandten sind. Du bist eine Christin und es besteht hier in Indien eine Feindschaft zwischen den Hindus und Christen. Für die Hindus ist es absolut unmöglich, dass eine unverheiratete Frau ein uneheliches Kind bekommt. Diese Frau wird niemals jemanden von dieser Situation berichten und es immer verheimlichen. **Wenn Gott es will, lebt deine leibliche Mutter jetzt glücklich in einer Ehe und hat andere Kinder.** Solltest du aber trotzdem mit aller Gewalt den Kontakt zu ihr suchen, so wirst du ihr Leben zerstören. Natürlich wird sie dich verleugnen und es kann zu unschönen Szenen mit ihrer Familie kommen. Isabel, du weißt jetzt, wie die Menschen hier leben und wie glücklich sie trotz der schweren Umstände sind. Kompliziere das nicht weiter!«

Okay, das saß. Meine Mutter hatte uns Zwillinge also als uneheliche Kinder geboren und würde mich mit allen Mitteln verleugnen! Das sollte nun die Wahrheit über meine Mutter sein? Ich hatte plötzlich nicht mehr die völlige Überzeugung, dass meine Suche so klug war. Würde ich meine Mutter nur in Schwierigkeiten bringen? Mehr noch, plötzlich steckte ich in der Situation zu entscheiden, ob mein Wissensdurst so brennend ist, dass ich vermutlich damit das Leben meiner leiblichen Mutter komplizieren oder völlig unmöglich machte. Und überhaupt, hatte mir Schwester Hemanta nicht geschrieben, dass meine Mutter bei meiner Geburt gestorben sei? Was stimmte denn nun?

Erschwerend kam hinzu, dass Schwester Silvia mir offenbar keine weiteren Informationen geben würde. Ihre Ausführungen sollten schließlich auch alles sein, was ich hier in Erfahrung bringen konnte. In meinem Kopf herrschte das völlige Gefühlschaos. Ohne zu registrieren, was Schwester Silvia mir noch alles für fromme Wünsche mit auf den Weg gab, verabschiedeten wir uns. Ich konnte es kaum erwarten, das Kinderheim wieder zu verlassen. Hatte ich mir doch alles so einfach und unbewusst romantisch ausgemalt.

So was wie: Ich finde meine Mutter und wir freuen uns alle.

Aber nein, dass ich mit meiner Suche womöglich nur Unheil anrichte, das wäre mir nie in den Sinn gekommen.

Ich konnte meine Gefühle zum damaligen Zeitpunkt nicht ehrlich einschätzen. Glücklich, traurig, enttäuscht, froh oder gar wütend? Es sollte noch einige Zeit dauern, bevor ich alles umfassend verstand. Von Schwester Silvia habe ich nach diesem Gespräch nie wieder etwas gehört. Dass ihre Ausführungen allerdings auch nicht der Wahrheit entsprachen, konnte ich nicht ahnen.

Als ich endlich wieder im Taxi saß, konnte ich meine Hilflosigkeit nicht mehr verbergen. Gefühlvoll versuchten Doris und Sunil, die Situation zu entspannen. Schließlich war es Sunil, der vorschlug, den Rest des Tags im Ram Jharna City Picnic Sports Park zu verbringen, damit ich zu unbesorgten Gedanken kommen könnte.

Dieser Park ist eine große, bergige Grünanlage mit zahlreichen Götterabbildungen, kleineren Tempelanlagen, Wasserfällen und vielen Affen. Es versprach von der Planung her ein wahrhaft schöner Nachmittag zu werden. So fuhren wir zunächst zu Sunil und Emiliana nach Hause, um Olivia abzuholen und von dort weiter zur Carmel Convent English medium School Raigarh, in der Lovely die erste Klasse besuchte.

Bei unserer Ankunft an der Schule verblieb noch etwas Zeit bis zum Ende des Unterrichts. Die Schule bestand aus einem überaus schönen und leicht orientalisch wirkenden Gebäude mit drei Stockwerken. Dezente rote Streifen am Mauerwerk durchbrachen die überwiegend beige Farbgebung.

Olivia machte sich unvermittelt auf in das Schulgebäude, um Lovely in Empfang zu nehmen. Das Wetter war traumhaft schön, und ich fragte Sunil, ob es in Ordnung sei, wenn ich außerhalb des Taxis ein wenig fotografierte. Natürlich sprach nichts dagegen und ich fing an, die Umgebung zu beobachten und einige Bilder zu schießen. Immer noch beeindruckten mich die Kühe, die einfach auf den Straßen standen. Die sollten somit, neben dem Müll und dem Straßenverkehr, auch meine ersten Fotomodelle werden. Unvermittelt zogen viele kleine Schülerinnen und Schüler in ihren niedlichen Schuluniformen meine Aufmerksamkeit in Richtung Schulhof. Diese Szenerie musste ich einfach im Bild festhalten. Also stellte ich mich etwas erhöht auf eine kleine Verkehrsinsel und machte ohne Bedenken einige Fotos. Plötzlich erschien ein älterer, wirklich sehr böse schauender Mann neben mir. Er brüllte mich auf Hindi an, wodurch ich natürlich nicht verstand, was er von mir wollte. Ich bekam Angst und wollte nur noch weg. Doch dazu kam es nicht mehr. Bevor ich überhaupt realisierte, was dort vor sich ging, war ich von drei Männern, dann fünf und am Ende von mehr als zehn Männern umringt. Es hatte sich um mich herum ein stark aufgebrachter Mob gebildet und ich konnte nicht verstehen, was ich gemacht hatte. Endlich vernahm ich in englischer Sprache wütende Rufe. **»Give me the camera!«**

Wieso, warum sollte ich meine Kamera abgeben? Wollte man mich berauben? Ich verstand die Welt nicht mehr. Erst jetzt bemerkte ich in dem Gedränge Sunil, der mit den Männern auf Hindi sprach und offensichtlich versuchte, die Männer zu beruhigen. Ich nutzte die Gelegenheit und rannte vermeintlich um mein Leben zum Taxi zu Doris und Mahesh. Doris, die erst jetzt die Situation begriff, wollte, dass ich ihr den Chip aus der Kamera gebe. Wenn die Männer dann erneut meine Kamera wollten, sollte ich ihnen die ohne weitere Gegenwehr übergeben.

Ich tat, was Doris mir riet. Zwischenzeitlich war die aufgebrachte Menge ebenfalls am Taxi angekommen und hatte es umkreist. Jetzt versuchte auch Mahesh, mit den Männern zu diskutieren. Doch weder Sunil noch Mahesh konnten die Menge beruhigen. Es gipfelte darin, dass die Menge Mahesh und Sunil hin- und herzerrten und immer lauter wurde. Ich hatte gewaltige Angst und verstand überhaupt nicht, was da vor sich ging. Eine solche Szene kannte ich nur aus dem Fernsehen und so etwas endete dort meist mit erschreckenden Folgen. Ich weinte und mein Herz raste wie verrückt. Schließlich – wie auch immer Sunil es geschafft hatte – beruhigte sich die Menge, die zwischenzeitlich weiter angewachsen war, wieder etwas.

Sunil packte mich an den Armen und sprach beruhigend auf mich ein. Er versuchte mir, mit wenigen Worten zu erklären, wo das Problem lag. Die Männer gingen aufgrund meiner äußeren Erscheinung davon aus, dass ich ebenfalls ein Mann sei. Kurz vor unserer Abreise nach Indien hatte mir der Vater meines Freundes ja einen angeblich modischen Kurzhaarschnitt verpasst. Die Jeans, meine Jack-Wolfskin-Jacke und die Sonnenbrille taten ein Übriges, um den männlichen Look abzurunden. Die Männer gingen folglich davon aus, dass ich versuchte, ihre Kinder auszuspähen. Dazu muss man wissen, dass in Indien die Vergewaltigungsrate auch von Kindern erschreckend hoch ist.

So war es ihnen auch nicht zu verdenken, dass sie versuchten, ihre Kinder zu schützen. Schließlich konnten wir die Situation im Büro der Schulleitung im Beisein der Männer und Sunil klären. Wirklich passiert ist in dieser Situation zum Glück niemanden etwas. Sunil und Mahesh klagten leise über einige kleinere Prellungen und ich schuldete Mahesh ein neues Hemd, da seines im Handgemenge zerrissen wurde. Doch wie immer in diesem Land, schien es auch hier wieder keine Probleme zu geben. Mahesh lächelte mich an und sagte leicht schmunzelnd. **»Relax.«**

Relax, ja das sollte nach diesem Erlebnis noch etwas dauern. Ich hatte plötzlich nur noch das Bedürfnis, Raigarh so schnell wie irgend möglich wieder zu verlassen. Doch wie immer hatte ich nicht mit Sunil gerechnet. Als ob überhaupt nichts passiert wäre, gingen wir wieder zurück zum Taxi, um unseren Trip in den Park fortzusetzen. Während der gesamten Fahrt musste ich immer wieder daran denken, was sich zuvor ereignet hatte. Ich realisierte immer noch nicht so richtig, dass diese Situation auch hätte wesentlich schlimmer ausgehen können. Meine naiven Vorstellungen wurden abermals schmerzlich zurechtgerückt.

Mir wurde zum ersten Mal bewusst, wie wichtig Sunil für meine Suche und meinen Aufenthalt in Indien war. Was hatte er nicht schon alles organisiert! War ich es nicht, die zuvor überhaupt nicht davon begeistert war, sich auf einen fremden Mann zu verlassen? Ja, und ich war froh, dieses Angebot doch akzeptiert zu haben.

Auch als wir endlich den Park erreichten, kreisten meine Gedanken immer noch um die zurückliegende Situation. Ich fühlte mich zugegebenermaßen in Begleitung von Sunil sicher, aber ich wollte einfach nicht länger in Raigarh bleiben. Langsam erkannte ich, dass Raigarh mir nicht das gegeben hatte, was ich so sehr erhofft hatte. Ganz im Gegenteil. Meine Mutter hatte mich offensichtlich unehelich geboren und würde mich mit allen Mitteln verleugnen und ich wäre gefühlt aufgrund meiner unbedenklichen Art fast gelyncht worden. Nein, ich wollte hier weg.

Abb. 20 Sunil Olivia - Lovely – ich und Doris im Ram Jharna City Picnic Park

Zwar hatten Doris und ich geplant, noch einen weiteren Tag in Raigarh zu verbringen, aber das konnte und wollte ich nicht. Doris verstand natürlich mein Gefühlschaos und meine Bedenken. Unter einer Bedingung zeigte sie sich einverstanden: Ich sollte jetzt versuchen, das Geschehene für einen Moment zu vergessen und mich ganz auf den schönen Park einlassen. Schöner Park? Bei all meinen Gedanken hatte ich überhaupt noch nicht registriert, wie schön es hier tatsächlich war. So einen Park hatte ich noch nicht gesehen. Ich drehte mich zu allen Seiten hin um und war überwältigt von dem Anblick. Es gab hier so viele kleine und auch größere Wasserfälle, schmale Pfade, die an kleinen Tempelanlagen endeten, die buntesten Vögel, zahlreiche Statuen indischer Götter und überall diese niedlichen und völlig vorwitzigen Affen.

Natürlich durften auch hier die hübschen Inderinnen mit ihren farbenfrohen Saris nicht fehlen. Ja, das war das Indien, das ich wollte. So farbenfroh und gefühlt so friedlich. Ich fühlte mich schlagartig wieder geborgen. Die Angespanntheit fiel förmlich von mir ab und ich konnte und wollte mich voll auf die Situation einlassen.

Die Zeit, die wir hier verbrachten, verging viel zu schnell – wie immer, wenn ich mich wohlfühlte. Ich hätte noch unendlich lange den Menschen oder aber auch den taschenausraubenden Affen zusehen können, doch langsam wurde es dunkel.

Mahesh brachte uns sicher zurück ins Hotel, wo wir erneut erleben konnten, wie klein doch eine circa 137.000 Einwohner Stadt sein konnte. Beim Betreten der Lobby kam uns bereits der Hotelmanager mit einem Lächeln entgegen. Er hatte von unserer Begegnung an der Schule gehört und versicherte uns, dass wir uns um unsere Sicherheit keine Gedanken machen müssten. Ohne so weit gedacht zu haben, beruhigte mich dieser Umstand enorm und wir begaben uns auf unser Zimmer.

16. Wenn eine gefährliche Situation am Tag nicht reicht

Wenn ich eines wirklich kann, dann ist es, Situationen falsch einzuschätzen. Auch heute noch erkenne ich einfach nie Gefahren. Ich lege mir die Gegebenheiten dann so zurecht, wie ich es gerne hätte. Diesem Umstand ist es auch zu verdanken, dass ich mich völlig unüberlegt auf ein weiteres Abenteuer einließ.

Doris und ich verweilten erst seit kurzer Zeit wieder auf unserem Zimmer, als es an der Türe klopfte. Ich öffnete und vor mir stand Malati, gekleidet in einem eleganten roten Sari mit goldenen Stickereien. Malati arbeitete als Rezeptionistin im Hotel und war eine wunderschöne junge Frau mit prächtigen, langen, schwarzen Haaren und strahlenden, großen, dunklen Augen. Zu meiner Freude war sie ebenfalls nur circa eins sechsundfünfzig groß, wodurch wir uns auf Augenhöhe unterhalten konnten. In Deutschland kommt es nicht oft vor, dass ich Menschen mit einer ähnlichen Körpergröße wie meiner treffe. Ungewohnt, aber ein schönes Gefühl. Malati sprach ein perfektes Englisch und sie wollte mich unbedingt zu sich nach Hause einladen. Sie hatte ihren Eltern bereits von der jungen deutschen Inderin erzählt, die hier in Raigarh ihre leiblichen Eltern suchte. Diese Geschichte fanden alle so faszinierend, dass die Familie von Malati beschlossen hatte, mich kurzerhand zu sich nach Hause einzuladen.

Es war bereits sieben Uhr und die Sonne war schon fast komplett untergegangen. Kurzzeitig überkamen mich leichte Zweifel, dem Wunsch von Malati nachzugeben. Was wusste ich denn schon groß über sie. Doch ohne weiter darüber nachzudenken, stimmte ich ihrem Wunsch zu. In diesem Moment waren meine Erinnerungen an die Situation an der Schule verflogen. Auch wenn es irrsinnig klingen mag, aber genau so bin ich.

Doris schaute mich erstaunt an, ohne dass es ihr gelang, mich von meinem Vorhaben abzubringen. Malati versicherte, dass sie mich persönlich wieder zum Hotel bringen würde. So kam es, dass ich kurz darauf hinter Malati auf einem kleinen grauen Roller saß, natürlich ohne Sturzhelm, und mit ihr durch die Dunkelheit fuhr. Die Straßen waren zu dieser Zeit noch sehr befahren und wir mussten uns einige Male mit unserem Roller zwischen großen Lkw und Pkw durchschlängeln. Nicht zu vergessen das Umkurven der auf den Straßen liegenden und stehenden heiligen Kühe. Also, Rollerfahren konnte Malati, daran gab es keine Zweifel. Je länger allerdings die Fahrt durch die Dunkelheit ging, desto mehr überkamen mich doch Zweifel, ob ich hier das Richtige unternahm. Ich wusste nicht, wo ich war und wo die Fahrt endete. Was würde mich bei Malati zu Hause erwarten? Wen könnte ich um Hilfe bitten, wenn ich sie denn benötigte? In meinem Eifer hatte ich auch noch mein Handy und meinen Ausweis im Hotelzimmer vergessen. Na toll!

Nach circa fünfzehn Minuten hielt Malati schließlich vor einem Wellblechtor. Die Straße war hier nur spärlich durch die Beleuchtung eines gegenüberliegenden Kiosks erhellt. Mit abgesenktem Vertrauen folgte ich Malati durch das Tor auf ein kleines Grundstück bis zu einem kleinen, einstöckigen Haus. Aus dem Inneren hörte ich mehrere Stimmen und es drangen Kochgerüche nach außen. Malati öffnete die Haustür und ich folgte ihr zögerlich. Neben Malati zählte ich in dem Haus fünf weitere Personen, die mich bei unserem Anblick sofort herzlich begrüßten. Malati stellte mich mit den Worten »This is my Friend from Germany« vor. Neben dem Vater und der Mutter waren noch zwei Freundinnen und ein Bruder anwesend. Ich sah nur freundliche Gesichter, was meine Anspannung prompt entschwinden ließ.

Die Mutter bat mich, mich zu setzen, und bevor ich mich versah, hatte ich auch schon einen Metallteller mit Reis und Soße in der Hand. Wenn Indien eines auf jeden Fall ist, dann ist es ein überaus gastfreudiges Land. Egal wo man zu Besuch ist, immer gibt es etwas zu essen. Malati hatte sich in der Zwischenzeit umgezogen und trug jetzt Jeans und T-Shirt.

Wenn ich jetzt erwartet hatte, dass ich meine Lebensgeschichte erzählen sollte, dann hatte ich mich getäuscht. Es genügte, dass ich einfach inmitten der Familie zu Gast war und mich alle ansehen konnten. Niemand stellte auch nur eine Frage, es schien, als ob ich einfach nur ein Teil dieser Familie sei. Malati erklärte mir später, dass es für ihre Familie eine große Ehre gewesen sei, mich zu sehen. Auch das ist offensichtlich ein Teil der indischen Kultur. Wenn eine vergleichbare Situation in Deutschland gewesen wäre, hätte ich auf jeden Fall viele Fragen beantworten müssen.

Nach ungefähr einer Stunde bat ich Malati, mich wieder zum Hotel zu bringen. Genauso freundlich wie ich begrüßt wurde, wurde ich auch wieder verabschiedet. Als wir zum Roller, abgestellt am Tor, kamen, hatten sich einige Nachbarn versammelt und begrüßten mich freundlich. Auch sie wollten einfach nur die deutsche indische Frau sehen, ohne weiter aufdringlich zu sein.

Die Rückfahrt ging rasch vorbei, sodass ich gegen halb zehn Uhr wieder bei Doris im Zimmer war. Natürlich musste ich ihr von meinem Besuch berichten. Ohne, dass sie es hätte aussprechen müssen, bemerkte ich ihre Erleichterung über meine unversehrte Rückkehr. Den restlichen Abend verbrachten wir mit dem Packen unserer Koffer, da es am nächsten Morgen bereits früh zurück nach Raipur gehen sollte.

17. Rückreise Raipur

Wie vereinbart warteten Mahesh und Sunil bereits früh am Morgen des 3. Januar 2008 in der Hotellobby auf uns. Ich hatte die vergangenen Erlebnisse noch nicht recht verarbeitet und meine Gedanken kreisten immer wieder um das Durcheinander an der Schule.

Langsam begriff ich auch, dass Schwester Silvia mir einfach nicht die Wahrheit gesagt haben konnte. Zu massiv unterschieden sich ihre Ausführungen von den Briefen der anderen Ordensschwestern. Mir war aber absolut bewusst, dass ich hier nicht weiterkam, was mir den Abschied von Raigarh enorm erleichterte.

Die Rückfahrt führte uns zunächst erneut zu Emiliana. Natürlich konnten wir Raigarh nicht verlassen, ohne uns von ihr, Olivia und Lovely zu verabschieden. In der zurückliegenden kurzen Zeit waren sie mir schon ungemein ans Herz gewachsen. Diese ehrliche, freundliche und herzliche Art hatte mich in den vergangenen Tagen immer wieder aufgefangen und ermöglichte mir einen unverfälschten und realen Einblick in die indische, in die Kultur meines Geburtslands. Diese wertvollen Erfahrungen halfen mir zu verstehen, warum ich bin, wie ich bin. Emiliana konnte auch jetzt ihre herzliche Art nicht verbergen und nahm mich, festdrückend, in den Arm. »Isabel, lass dich nicht hängen und sei glücklich, wie dein Leben verlaufen ist. **Auch wenn du heute deine Eltern nicht gefunden hast, so hast du es doch sehr gut im Leben.«**

Sunil, der mir die Worte von Emiliana übersetzte, ergänzte: **»Hab Sonne im Herzen und sei dankbar für das, was du in Deutschland gefunden hast!«**

Diese Worte gingen mir ungemein nah und ich musste meine Tränen unterdrücken. Es handelte sich nicht nur um tröstenden Worte, nein, sie bedeuteten so viel mehr. Wie oft hatte ich gehört, dass ich froh sein sollte, nicht mehr in Indien zu sein. Wie oft sollte ich dankbar dafür sein, dass ich in Deutschland aufgewachsen bin. Obwohl die Wünsche von Emiliana und Sunil gefühlsmäßig überhaupt nicht mit den oberflächlichen Bemerkungen der Ordensschwestern gleichgesetzt werden konnten, so schienen sie sich im Kern der Aussage nicht zu unterscheiden.

Zum ersten Mal dachte ich daran, wie viele Inder vermutlich sofort ihr Leben gegen meines tauschen würden. Ich war wieder in meinen Gefühlen hin- und hergerissen. Verloren in diesen Gedanken registrierte ich entfernt, dass mir Emiliana noch einen Brief für ihre Schwester in Frankfurt, die Ordensschwester Asit, mitgab. Leider konnte ich mich an diesem Tag nicht mehr von Olivia und Lovely verabschieden, da sie Unterricht hatten.

Mahesh fuhr gewohnt sicher durch die engen, überfüllten Straßen und Gassen und wir ließen Raigarh mit jeder Minute weiter hinter uns. So beeindruckend sich die gigantischen Industriegebiete bei unserer Ankunft vor uns aufgebaut hatten, umso schneller entschwanden sie meinen Blicken. Ich schaute kaum zurück. Zu arg wog die Enttäuschung über die gewonnenen Erkenntnisse. Was hatte Raigarh mir de facto gebracht?

Stopp!

Raigarh erwies sich als viel mehr als nur eine Enttäuschung! Ich traf überaus liebe Menschen, ich durfte viel über die indische Kultur lernen, ich habe mein Waisenhaus gefunden, ich wurde mehrfach von der Gastfreundschaft der Inder überrascht und ich konnte viel über mich lernen. Nein, Raigarh entpuppte sich als Gewinn für mich, den ich aber erst einmal erkennen und verstehen musste.

Lange dachte ich über diese positiven Aspekte nach und schenkte der Umgebung, gegen meine sonstige Neugier, keine Beachtung. Meine Begleiter verhielten sich ebenfalls ungewohnt ruhig und so registrierte ich zunächst nicht, dass wir an einem hinduistischen Tempel anhielten.

Sunil grinste über beide Ohren und erklärte ausführlich, dass es nun Zeit sei, auch mal einige andere Götter Indiens zu treffen. Warum er dabei so überschwänglich grinste, sollte ich kurz darauf erfahren. Götter hatte ich mir so, wie die, die uns auf dem Gelände und im Tempel erwarteten, nun nicht vorgestellt. Wir wurden beim Betreten der Tempelanlage freundlich von mehrheitlich großen blauen Figuren begrüßt, die überwiegend damit beschäftigt waren, anderen Figuren den Kopf abzuschlagen. In unzähligen Kulissen boten sich den Besuchern Todesszenen dar. Mal handelte es sich um einen harmlosen Kampf zwischen einem Elefanten und einem Krokodil, mal schnitt eine vierarmige Frau einem indischen Krieger den Kopf ab, mal präsentierte sich ein enthaupteter Krieger. Diese Darstellungen wurden immer wieder von Szenerien unterbrochen, in denen einer blauen vierarmigen Göttin Opfergaben gereicht wurden. Sunil, der unsere Irritation bemerkte, erwies sich als kundiger Reisebegleiter und führte die Geschichte zu Kali umfangreich aus. Die gesamte Ausführung kann ich nicht mehr wiedergeben, aber mir blieb im Gedächtnis, dass es sich bei Kali um eine Göttin des Todes und der Vernichtung handelte. Die dargestellten Kulissen zeigten Kali in ihrem Tun und Handeln. Dennoch sehen viele Inder in ihr nicht nur eine entfesselte Zerstörerin, sondern auch eine Beschützerin, weshalb ihr die Gläubigen in diesem Tempel Opfergaben darbringen. Auch wir brachten ein Opfer in Form einer Kokosnuss und eines Stück Stoffs dar.

Abb. 21 Kali, Göttin des Todes und der Zerstörung, aber auch der Erneuerung

Mit neuen kulturellen Erfahrungen ging es nach ungefähr einer Stunde wieder weiter in Richtung Raipur. Mahesh hatte die Zeit am Tempel mit einem kleinen Schläfchen überbrückt.

Die restliche Fahrt erwies sich als unspektakulär und wurde lediglich durch einen kleinen Stopp an einem unscheinbaren Gurkenstand im nirgendwo unterbrochen. Nun ja, Gurkenstand ist nicht ganz korrekt. Es handelte sich eher um einen einzelnen Bauern, der an einer kleinen Abzweigung auf der Sandpiste saß und auf einem Stück Leinensack Schlangengurken zum Kauf anbot.

Da Doris und ich noch nichts gegessen hatten, kaufte Mahesh nach kurzen Preisverhandlungen mehrere Gurken, die er anschließend an Sunil, Doris und mich verteilte. Äußerlich unterschieden sich diese Gurken in ihrer Form und Farbe schon erheblich von den uns bekannten Gurken aus Deutschland. Neben dem Umstand, dass diese Gurken bedeutend heller schienen, waren sie auch deutlich länger, dafür aber gleichfalls wesentlich dünner als gewohnt. Geschmacklich können unsere Gurken in Deutschland auf jeden Fall nicht mithalten.

Abb. 22 Mahesh kauft für uns Gurken

Wir erreichten gegen fünf Uhr Raipur. Jetzt hieß es auch, sich von unserem guten Mahesh zu verabschieden. Mir fiel das schwer. Mahesh stach während der letzten Tage ja nicht durch seine ständige Konservation mit uns heraus, doch das, was er alleine schon an der Schule für mich tat, war nicht wiedergutzumachen. Mit keinem Wort hatte er sich je zu irgendeinem Zeitpunkt beklagt.

Natürlich kümmerte sich Sunil hauptsächlich um Mahesh's Wohl, doch wenn es Probleme gegeben hätte, würden wir es auf keinem

Fall erfahren. Wie hatte er so einfach an der Schule in seinem zerrissenen Hemd gesagt? Relax! Und genau das war es auch, was er jetzt wieder erwartete. Ich hätte ihn sehr gerne gedrückt, doch ich hatte auch gelernt, dass diese Geste der Dankbarkeit in Indien ungewohnt, wenn nicht gar verpönt ist.

Allein durch meine beherrschte Haltung und seinem Wunsch, relaxt zu bleiben, konnte ich ihm meine tiefe Dankbarkeit zeigen. Ich ließ es mir abschließend aber nicht nehmen, auch unter dem Protest von Mahesh, ihm ein großzügiges Trinkgeld zu geben.

Aufgrund unserer vorzeitigen Abreise aus Raigarh ergab sich für uns ein Unterkunftsproblem. Der geplante Rückflug nach Delhi sollte erst am 4. Januar 2008 abends um zwanzig nach acht starten. Jetzt zeigte sich, wie wertvoll die umfassenden Recherchen meiner Mutter im Vorfeld waren. Sie hatte mir eine Mappe mit vielen hilfreichen, sehr detaillierten Informationen zusammengestellt. Darunter fand sich eine kleine Liste mit verschiedenen Hotels rund um die Städte, die wir während unserer Reise besuchten.

›Mayura Hotel Raipur‹ in der G.E. Road wurde dementsprechend unser nächstes Anlaufziel. Sunil wollte uns nicht unbegleitet in Raipur zurücklassen und erklärte, dass er die Nacht am Bahnhof verbringen würde. In der Art seiner Schilderung erkannte ich wieder einmal, dass es in Indien keine Probleme gibt. Sunil hätte nie gefragt, ob wir ihm auch ein Zimmer buchen könnten, geschweige denn, dass er das Geld dafür gehabt hätte. Es stand für uns auf jeden Fall außer Frage, Sunil am Bahnhof schlafen zu lassen. Da gab es auch keine Diskussion, obwohl er es kurz versuchte. Zu unserem Glück war das Hotel in der Eine-Millionen-Stadt nicht ausgebucht und wir konnten zwei einfache Zimmer belegen.

Bevor es für uns ans Schlafen ging, führte Sunil uns routiniert durch die Straßen und Gassen von Raipur. Doris und ich verfielen kurzfristig in einen typischen touristischen Zustand und erwarben bei einem örtlichen Händler jeweils zwei Sari.

Abb. 23 Abb. 23 Doris und ich beim Kauf unserer Saris

Sunil wartete während der für uns kurzen und entspannten Anprobephase geduldig auf einem Stuhl in einer Ecke des kleinen Geschäftes. Komisch, diese Szenerie hätte auch so irgendwo in Deutschland sein können. Die Frauen shoppen und der Mann langweilt sich.

Ab und zu konnte sich Sunil zu Kommentaren wie »Nice« oder »Beautiful« hinreißen lassen, bevor er wieder in seinen Gedanken verschwand. Ich fühlte mich in den Saris wie eine echte Inderin, die ich zuvor so oft in den bunten Gewändern bewunderte. Ein strahlendes Orange umgab mich und bildete einen so ungemein schönen Kontrast zu meiner Hautfarbe, dass ich das Gewand am liebsten sofort angelassen hätte, wenn ich denn im Umgang mit einem Sari geübt gewesen wäre.

Nach dem Bezahlen ging es weiter in ein kleines Lokal. Die Sättigung, wenn man davon sprechen konnte, durch die Gurken ließ deutlich nach und wir verspürten entsprechenden Hunger. Sunil bestellte verschiedene Gerichte aus Reis, Gemüse, Curry und Huhn mit unterschiedlichen Soßen. Wir nutzen die Gelegenheit des gemütlichen Zusammensitzens, um uns intensiv über die vergangenen Tage auszutauschen.

Ich wollte natürlich wissen, wie ich Sunil für seine Unterstützung und Hilfe, ohne die ich nie so weit in Indien gekommen wäre, danken könnte. Sunil blieb seiner Einstellung treu und wünschte sich ausschließlich »Please, come back!«

Aus, Ende! Mehr ließ er nicht zu.

18. Raipur – Delhi – München

Der Morgen des 4. Januar 2008 stand ganz im Zeichen der Verabschiedung von Sunil. Sein Zug nach Raigarh startete bereits am Mittag, wodurch er den restlichen Tag bis zu unserem Abflug von Raipur nicht mehr mit uns verbringen konnte. Am Abend zuvor beschlossen Doris und ich, Sunil auf jeden Fall in irgendeiner Art und Weise etwas Gutes zukommen zu lassen. Wenn man sich allerdings objektiv in Indien umsieht und diese Eindrücke mit dem Lebensstil und den Gewohnheiten von Sunil in Zusammenhang bringt, dann wurde sofort klar, dass wir ihm mit Geld am ehesten helfen konnten. Natürlich kann man denken ›Oh, wie unpersönlich‹, aber das war es für mich überhaupt nicht. Ganz im Gegenteil.

Mir fiel der Abschied unheimlich schwer, da ich in den vergangenen Tagen eine tiefe Vertrautheit zu Sunil aufgebaut hatte. Sicherlich trugen seine Taten und Hilfestellungen offenkundig dazu bei, doch es fühlte sich eher an wie eine Verbundenheit, wie man sie in Familien findet. Zeigte ich mich anfangs nicht sonderlich begeistert von der Idee eines fremden Begleiters, so offenbarte es sich doch als das Beste, was passieren konnte. Es fühlte sich an, als hätte ich einen großen, na ja, nicht in Körpergröße, Bruder gefunden. Ihn jetzt einfach hier zu verlassen, machte mich unglücklich.

Was Sunil in dem Moment dachte, als ich meinen Schutzengel, den ich ja eben erst von Onkel Bernd und Tante Ingrid geschenkt bekommen hatte, in der Hotellobby von meinem Hals nahm und ihn ihm umhängte, würde ich zu gerne wissen. Mir schien es so, als ob ich in seinen großen dunklen Augen den leichten Glanz von Tränen erkennen konnte. Doch Gefühle zeigen … das macht ein indischer Mann in der Öffentlichkeit nicht. Sofort lenkte Sunil von der Situation ab und besprach mit der Rezeptionistin unseren weiteren

Tagesablauf. Er konnte und wollte uns einfach nicht ohne genaue Instruktionen zurücklassen. Ohne sich noch einmal in eine für ihn unangenehme Situation zu bringen, verabschiedete er sich rasch, aber herzlich und verschwand mit einem bereits wartenden Tuk-Tuk in Richtung Bahnhof.

Bis zu unserem Abflug verblieben noch einige Stunden Zeit, die wir wieder einmal auf einem Basar verbrachten. Unser Fahrer, vom Hotel gebucht, versuchte uns auf der Fahrt dorthin in einem guten, aber gebrochenen Englisch die Vorteile dieses Basars zu erläutern. Es handelte sich um einen großen Freiluftbasar, dem sich mehrere kleine – wir würden sagen: – Boutiquen und Imbissbuden anschlossen. Die Eindrücke prasselten erneut zahllos auf uns ein, und wir hatten sichtlich Mühe, uns im dichten Gedränge zurechtzufinden. Die Stände variierten von einfachen Leinensäcken auf dem Boden, überdachten Tischen bis hin zu kleineren aus Holz gefertigten Bretterbuden. Überall versuchten die Menschen, die Waren anzubieten: Hosen, Hemden, Gewürze, lebende Tiere warteten auf Käufer. Und immer wieder und überall diese leuchtenden und wunderschönen Saris.

Ich versuchte mir einen Moment lang vorzustellen, wie es hier ohne dieses Farbenmeer aussähe. Puh, ungemein trostlos. Ich bekam plötzlich einen anderen Blick auf dieses Farbenmeer und verstand, dass diese Farben womöglich wesentlich mehr bedeuteten, als es den Anschein hatte. Die bunten Saris durchbrachen gewaltig das überwiegend vorherrschende Grau in Grau.

Doris beendete unvermittelt meine Gedanken, als sie ein Lavazza-Café entdeckte und mir deutlich zu verstehen gab, dass es jetzt Zeit für einen ordentlichen Kaffee sei. Ich hätte besser mal eine Cola getrunken, da der Kaffee sich nicht wirklich mit meinem Magen vertrug. Die vergangenen Tage schienen scheinbar Spuren hinterlassen zu haben. Erschöpft hingen wir unseren Gedanken nach, wobei ich versuchte, die gewonnenen Informationen zu ordnen und zu bewerten. Dieses gelang mir zum damaligen Zeitpunkt allerdings nicht. Immer wieder musste ich auch an Sunil denken. Für mich stand fest, dass ich auf jeden Fall Kontakt mit ihm halten wollte.

Der Besuch des Basars endete damit, dass ich mir passende Schuhe – eher verzierte Flipflops – für meine Saris kaufte. Umgerechnet zahlte ich vier Euro für diese Schuhe, für uns nicht viel, für einen indischen Tagelöhner allerdings mehr als ein Tageslohn.

Unser Fahrer hatte während des Basaraufenthaltes an der Stelle gewartet, an der er uns abgesetzt hatte. Die Fahrt ging zurück zum Hotel, wo wir unsere Koffer in Empfang nahmen und dann weiter zum Swami Vivekananda Airport Raipur fuhren.

Das Einchecken und die Sicherheitskontrollen verliefen ohne Probleme, allerdings verspätete sich der Flug zunächst um unbestimmte Zeit. Letztlich starteten wir mit mehr als zwei Stunden Verspätung in Richtung Delhi, das wir gegen ein Uhr dreißig morgens erreichten. Murli erwartete uns abermals am Ankunftsterminal. Auf meine Entschuldigung, dass er so lange verharren musste, folgte ein bereits bekanntes, »no problem. Welcome back! Did you have success?«

Murli grinste bei diesen Worten über sein stattliches Gesicht und freute sich offensichtlich zutiefst, uns wohlbehalten zu empfangen. Auf der Fahrt zu Murlis Haus mussten wir bereits kurz Bericht erstatten. Zugegeben fiel es mir in diesem Moment unheimlich schwer, seine Fragen zu beantworten, zu erschöpft war ich von den vorherigen Tagen.

Kurz nach zwei Uhr erreichten wir endlich unser bekanntes Bed & Breakfast und ich fiel völlig übermüdet ins Bett. Darshan, Murlis Frau, schlief ebenfalls bereits, was mich mit größter Wahrscheinlichkeit vor einem sofortigen umfangreichen Bericht bewahrte.

Ich hatte meine Augen noch geschlossen, als ein wohlbekannter Geruch unerwartet meine Nase umgab. Omelett! Kaum vernehmbare Laute drangen aus dem Wohnzimmer bis in unseren Schlafraum vor. Darshan und Murli versuchten bemüht leise, ein herrliches Frühstück zubereiteten, wobei sie sich, fast unhörbar, auf Hindi unterhielten. Ich stand gemächlich auf und lugte vorsichtig durch die Zimmertür ins Wohnzimmer. Darshan bemerkte mich zuerst und strahlte dabei über ihr herzliches Gesicht. Es schien fast, als hätte sie sich extra für uns so elegant angezogen, so bezaubernd wirkte sie in ihrem türkisfarbenen Sari mit ihren langen, glänzenden schwarzen Haaren, das eine goldene Haarspange zusammenhielt. Erst jetzt fielen mir einzelne graue Strähnen auf, die ich bei unserem vorherigen kurzen Aufenthalt nicht bemerkt hatte. Was für eine stolze und selbstbewusste Frau sie doch war. Natürlich kam ich kaum dazu, das erstklassige Frühstück zu genießen. Darshans großes Interesse an meinen Nachforschungen schien unendlich. Selbstverständlich für die indische Kultur hätte sie nie offensive Fragen gestellt, doch in ihren Augen erkannte ich diese enorme, wissbegierige Anteilnahme an meiner Geschichte.

Ich beantwortete ihre unausgesprochenen Fragen ausführlich und ließ keine Information aus. So berichtete ich von dem außergewöhnlichen Picknick, der Begegnung mit den Ordensschwestern, meiner erschreckenden Erfahrung an der Schule, meinem nächtlichen Ausflug, dem zweiten Treffen mit Schwester Silvia und natürlich auch von Mahesh und Sunil.

Darshan und Murli hörten gespannt zu und stellten gelegentlich kleinere Verständnisfragen. Am Ende meiner Schilderungen zeigten sich die beiden überaus bewegt und nachdenklich. Murli sprach als Erster aus, was ich ebenfalls bereits dachte »Your mum is dead, they told.«

Ja, genau.

Auch Darshan und Murli bemerkten diese vielen Ungereimtheiten in meinen Nachforschungen. Doch es schien nicht die Zeit und nicht der Ort, meine Ergebnisse zu bewerten, geschweige denn, sie zu diskutieren. Nein, ich musste diese Erfahrungen zunächst einmal mit mir selbst aufarbeiten. So endetet für Doris und mich der Morgen bereits fortgeschritten um halb zwölf.

Als letztes Ziel unserer Reise wollte ich mir unbedingt noch das ›Hotel Imperial‹ in Delhi ansehen. Das Hotel, in dem meine Eltern bei meiner Abholung 1989 wohnten. Was ich dort fand, scheint nicht sonderlich interessant, doch stellte es für mich einen Wegpunkt in meiner bisherigen Lebensgeschichte dar und half mir zu verstehen, wer ich bin und wo meine Wurzeln liegen.

Das ›Hotel Imperial‹ beeindruckte mich mit einer imposanten Erscheinung und wirkte edel und zugleich überaus spießig. Den Haupteingang zierten mächtige weiße Säulen, eine gepflegte Zufahrt mit schicken Beetbepflanzungen und tadellos gekleidetem Personal. Dieser krasse Gegensatz, wo offensichtlich die Gartenpflege einen höheren Stellenwert einnahm als jenes kleine Kind, das unweit vom Hotel im Abfall lebte, machte mich erneut unglücklich und zugleich wütend. Wiederholt erkannte ich in diesen Kindern mein vermeintliches Leben. Arm, wertlos und ohne jede Bedeutung oder Hoffnung. Ich wollte so rasch wie möglich wieder nach Hause. Fliehen vor einer Wahrheit, die ich erst noch verstehen und akzeptieren musste.

Murli fuhr uns wie vereinbart pünktlich zum Flughafen zurück. Es folgte ein herzlicher Abschied, den ich allerdings kaum noch registrierte. Die letzten Tage hatten mich dermaßen erschöpft, dass ich nur noch in dieses Flugzeug wollte.

Der Check-in, die Passkontrolle und das Boarding zum Lufthansa-Flug LH 763 liefen wie in einem Film vor mir ab. Beim Erreichen unsere Sitzplätze 38c und 38a ließ ich mich völlig erschöpft in einen Sitz fallen. Jetzt, wo ich mich sicher fühlte, fiel alle Anspannung von mir ab und es überkamen mich die Gefühle. Ich weinte, dachte an die Worte von Schwester Silvia, die alten Briefe und verstand, dass ich faktisch nichts in Bezug auf meine indischen Eltern erreicht hatte. Aber ich spürte tief in meinem Inneren, dass meine Eltern noch lebten und ich wusste, dass mich die Schwestern der M.o.C. nur belogen hatten. Über diese Gedanken hinweg muss ich relativ rasch eingeschlafen sein.

19. Überraschung

Entgegen der Hinreise sollte unsere Rückreise von Delhi nach München und von dort, nach einem kurzen Aufenthalt, weiter zum Flughafen Münster-Osnabrück erfolgen. So jedenfalls geplant. Ich hatte fast den kompletten Flug über geschlafen, als ich durch die Ansage, dass wir uns im Landeanflug zum Flughafen München befanden, geweckt wurde.

Schlaftrunken bemerkte ich, dass Doris sich zurechtmachte. »Überraschung«, hörte ich sie sagen. Überraschung? Bitte nicht. Einen Teil meiner Persönlichkeit macht es aus, dass ich mit Überraschungen überhaupt nicht klarkomme. Situationen, in die ich unerwartet und ohne genaue Angaben gebracht werde, verunsichern mich zutiefst und rufen eine starke Ablehnung in mir hervor. Mir wurde abwechselnd heiß und kalt und ich fühlte mich beengt. Doris ahnte von meiner Situation nichts. Natürlich kann man jetzt denken, dass sicherlich eine positive Überraschung auf mich zukäme, doch ändert die Art der Überraschung, egal ob positiv oder negativ, nichts an meinen körperlichen Reaktionen.

Mittlerweile habe ich mithilfe einer Psychologin erkannt, dass es sich bei dieser Ablehnung um Angstzustände vor unbekannten Situationen handelt, die ihren Ursprung vermutlich in der Geburts- und Adoptionsphase haben. Ich wollte keine Überraschung. Von diesem Moment an bis zur Landung drehten sich meine Gedanken nur noch um das, was mich erwartete.

Die Landung, der Kofferempfang und die Einreise- und Zollkontrolle liefen problemlos. In der Ankunftshalle erkannte ich sofort die angekündigte Überraschung. Meine Eltern standen hinter der Absperrung, in den Händen Karten vom ›Hofbräuhaus‹ und über dem Kopf ein Schild: *Schön, dass ihr wieder da seid*!

Freude? Nein, ich freute mich nicht. Emotionslos ging der überaus herzliche Empfang an mir vorbei. Sofort fing meine Mutter an, Doris und mich alles Erdenkliche zu fragen. »Wie war es? Wie geht es euch? Hattet ihr Erfolg?« und noch viele Fragen mehr. Ich konnte und wollte zu diesem Zeitpunkt nicht auf die Fragen reagieren, wodurch sich die anschließende Konversation hauptsächlich zwischen Doris und meinen Eltern abspielte. Gedanklich hatte ich mich erst zur Landung in Münster auf diese Situation eingestellt. Bis zum Weiterflug nach Münster verblieben noch circa zwei Stunden, die wir gemeinsam in einem Flughafenbistro verbrachten.

Erst hier arrangierte ich mich allmählich mit der Situation und schilderte ausführlich das Erlebte. Überaus interessiert zeigten sich meine Eltern an den Begegnungen mit der Ordensschwester in Delhi und der Ordensschwester Silva in Raigarh und den gewonnenen Erkenntnissen. Natürlich fielen ihnen auch die zahlreichen Ungereimtheiten auf, die wir ausgiebig bewerteten und diskutierten. Meinen festen Glauben daran, dass meine Eltern noch lebten, beeinflusste der sachliche Gedankenaustausch nicht. Erleichtert über den glimpflichen Ausgang der Situation an der Grundschule, nahm mich meine Mutter liebevoll in den Arm. Letztlich endete dieser erste Bericht mit dem Umstand, dass wir, auch meine Eltern, für den Weiterflug nach Münster einchecken mussten, dem Endpunkt der ersten Reise.

Im Nachgang führte ich noch viele weitere Gespräche mit Freunden und Familienangehörigen, wobei ich mich rein auf den Reiseverlauf beschränkte. Ich konnte und wollte meine Gefühle und Gedanken nicht teilen. Zu undurchsichtig erschienen mir die Informationen, die ich selbst noch verarbeiten musste.

Dritter Teil – Die zweite Indienreise

20. Ein gestohlenes Kind?

Meine erste Indienreise lag schon fast wieder vier Jahre zurück. Fortwährend musste ich an die vielen Hindernisse und die Verschwiegenheit der M.o.C. denken. Ich konnte und wollte mich mit den angeblichen Wahrheiten, dass meine leibliche Mutter mich verleugnen würde oder tot sei, nicht abfinden. Zu häufig sah ich in meinen Träumen meine indische Familie. Dabei konnte ich zwar Personen schemenhaft ausmachen, aber die erschienen ohne Gesichter. Und immer wieder diese weißen, hell strahlenden Wände, die mich so enorm blendeten, dass ich nichts erkennen konnte. Diese Phantasien verfolgten mich und mein Drang, die Wahrheit herauszufinden, wurde immer dominanter. Meine indischen Eltern lebten und dachten an mich. Für mich ein unumstößlicher Fakt. Ganz sicher!

Trotz dieser inneren Gewissheit sollte meine zweite Indienreise erst im Januar 2016 starten. In den zurückliegenden und kommenden Jahren standen die Beendigung meiner Ausbildung, der Abschluss der Meisterschule in Oldenburg und die Fortbildung zur Make-up-Artistin in Berlin im Vordergrund.

Den nächsten Impuls, mich wieder ausgeprägt mit meiner Suche zu beschäftigen, bekam ich im Dezember 2011. Wie so oft war ich auch am Abend des 9. Dezember 2011 bei meinem Freund Mike. Ungefähr um halb elf Uhr, ich schlief bereits auf der Couch, weckte er mich liebevoll. Mike deutete auf den Fernseher und erklärte, dass eine Talkrunde liefe, in der eine junge indische Frau, Anisha Mörtl, über Erfahrungen ihrer Adoption berichtet. Es handelte sich um den ›Kölner Treff‹, der jeweils freitagabends im WDR ausgestrahlt wurde. Gebannt folgte ich den Schilderungen von Anisha und erkannte viele Ähnlichkeiten zu meiner Adoptionsgeschichte. Zu einem späteren

Zeitpunkt kam es allerdings dazu, dass Anisha etwas anschnitt, an das ich zuvor nie gedacht hatte: **»Ich bin ein gestohlenes Kind.«**

Dieser kurze, eindringliche Satz verwirrte und verängstigte mich schlagartig. Alles, was sie zuvor berichtete, passte zu meiner Geschichte. Was meinte sie jedoch mit dem Satz, dass sie ein gestohlenes Kind sei.

Noch am selben Abend bestellte Mike mir das Buch ›Lotostochter‹ von Anisha, das ich an den darauffolgenden Tagen quasi verschlang. Es passte einfach alles, was sie in dem Buch ausführte. Letztlich konnte ich auch den folgenschweren Satz für mich mehr deuten. Fehlende oder gefälschte Unterlagen der leiblichen Mutter von Anisha ermöglichten die Adoptionsfreigabe. Eine Adoption entsprach aber nicht dem Willen ihrer Mutter und sie hatte wissentlich nie einer solchen zugestimmt. Wie passte diese Information zu meiner Mutter? Hatte sie mich womöglich auch nie zur Adoption freigegeben? Wo verblieben diese wesentlichen Unterlagen? Im ersten Moment hilflos verstand ich allmählich, was passiert sein könnte. Gleichermaßen wütend und ängstlich weinte ich bitterlich. Wütend auf die M.o.C. und wütend auf meine Hilflosigkeit. Mir wurde bewusster als je zuvor, dass meine Erkenntnisse aus meiner ersten Indienreise nicht alles sein konnten und ich durch die M.o.C. belogen wurde.

Im Zeitalter von Facebook war es natürlich einfach, mit Anisha Kontakt aufzunehmen. Wir tauschten uns über unsere jeweiligen Adoptionsgeschichten aus und sie bestärkte mich, nicht mit der Suche aufzuhören oder allein den Ausführungen der verantwortlichen Adoptionsstellen Glauben zu schenken. Leider brach der Kontakt zu Anisha kurz darauf unerklärlich ab und ich konnte bis heute keinen Kontakt mehr zu ihr herstellen.

21. Der Anfang zur Wahrheit

Trotz der aufwühlenden Erkenntnisse durch Anisha Mörtl kam ich erst im Mai 2014 wieder vollends dazu, mich ernsthaft auf die Suche zu begeben. Die vergangenen Monate zeigten sich geprägt von meinem Auszug von zu Hause in meine erste eigene Wohnung, der Eingewöhnung in meine neue Arbeitsstelle in Münster und der Fortbildungen in meinem Beruf.

Natürlich versuchte ich, in der Zwischenzeit neue Fakten und Anhaltspunkte zu finden, was mir allerdings nicht gelang. Das Internet und die Gespräche mit meinen Eltern brachten keine neueren Erkenntnisse. Ich stand auf der Stelle und wusste nicht, wer mir noch helfen könnte. Ich verfolgte die Idee, noch mal nach Indien zu reisen. Natürlich konnte dies ohne neue Erkenntnisse nicht zum Erfolg führen, was Mike mir auch immer wieder in seiner sachlichen Art zu erläutern versuchte. Er hatte zugegebenermaßen recht, aber diese nüchternen Argumente wollte ich nicht hören. Mike war immer derjenige, der versuchte alles objektiv anzugehen und genau durchzuplanen. Sich in ein ungewisses Abenteuer zu stürzen, das lehnte er strikt ab. Lag offensichtlich an seinem Beruf, er ist Polizist. Allerdings stand Mike immer hinter mir und unterstützte mich in allem, was sich auch noch bei meiner kommenden Reise zeigen sollte.

Überaus stolz auf meine erste eigene Wohnung lud ich Freunde und Verwandte ein, mich dort zu besuchen. So kam es dann auch dazu, dass meine Tante Ingrid und mein Onkel Bernd im Mai 2014 zu mir kamen. Bei diesem Besuch entdeckte meine Tante das Buch von Anisha, das ich im Wohnzimmer aufbewahrte. Wir kamen ins Gespräch, und ich schilderte den beiden meine Gedanken, erzählte ihnen von meinen bisherigen Erkenntnissen und berichtete natürlich auch über meine tiefe Hilflosigkeit. Während dieses emotionalen

Gespräches erkannten beide, dass mir dieses Thema über die Maßen wichtig war und es mich einfach nicht losließ. Es tat mir unheimlich gut, dass ich mich den beiden in diesem Moment anvertrauen konnte. Bernd nahm mich am Ende in den Arm und stellte unumstößlich fest, dass er mir helfen werde. Mein Problem wurde zu seinem Problem und ich stimmte sofort zu.

In der Vergangenheit war es Bernd und Ingrid bereits gelungen, aus Kriegszeiten verschollene Verwandte in Polen wiederzufinden. Wenn mir jetzt noch jemand helfen konnte, dann die beiden. Bernd bat mich prompt darum, ihm alle vorhandenen Dokumente zu geben und ihm meine bisherigen Erkenntnisse und Fakten aufzuschreiben.

Am nächsten Tag begann ich mit der Zusammenstellung der benötigten Unterlagen. Aus den Vorbereitungen meiner ersten Reise wusste ich, dass nach dem Tod von Carla Wiedeking, der Gründerin von ProInfante, all deren Adoptionsunterlagen an das Landesjugendamt in Köln übergeben worden waren. Erneut schrieb ich das Amt in Köln an und bat um Übersendung meiner Adoptionsakten.

Zeitgleich wandten sich Bernd und Ingrid über einen indischen Rechtsanwalt an das oberste Gericht in Delhi. Durch eine Internetrecherche auf den Seiten der Deutschen Vertretung in Indien stießen sie auf Herrn Sarvajit Bhandari. Bhandari, spezialisiert auf Familienrecht, verfügte über eine Zulassung für den Delhi High Court, eine unbedingte Voraussetzung dafür, an die benötigten Akten zu gelangen. Bernd nahm unmittelbar Kontakt mit Bhandari auf, der die nötigen Unterlagen anforderte und die in Kopie an meinen Onkel weiterleitete. Bernd hat mir zwar nie erzählt, was dieser Service gekostet hat, doch in den Akten fand ich später eine Rechnung über knapp fünfhundert Euro.

Nachdem alle Dokumente im September 2014 vorlagen, nahm sich Bernd einige Tage Zeit, sie zu sichten und zu vergleichen. Dabei stellte er bereits fest, dass die Akte aus Delhi nicht vollständig sein konnte. Das bedeutsamste Dokument fehlte: die Adoptionsfreigabe meiner Eltern. Hinweise auf ihre Identität ergaben sich ebenfalls nicht.

Ähnlich verhielt es sich mit der Akte vom Landesjugendamt in Köln. Diese Dokumente bargen ebenfalls keine Anhaltspunkte. Bis auf die hohe Wahrscheinlichkeit, dass ich vermutlich, wie auch Anisha, ein gestohlenes Kind zu sein schien, brachten diese Nachforschungen keine neuen Erkenntnisse und Anhaltspunkte. Wieder eine Sackgasse.

Abb. 24 Kopie der Adoptionsakte aus Indien

22. Pater Theo

Während Bernd sich mit der Sichtung der Unterlagen beschäftigte, sprach meine Tante Ingrid zufällig mit einem Arbeitskollegen über meine Geschichte und meine Suche. Mitunter ist es schon erstaunlich, wie sich die Wege von Menschen kreuzen können. Dieser Arbeitskollege wusste von einem indischen Pater in Steinfurt-Borghorst, nur 21 Kilometer von Elte entfernt, der seit vier Jahren dort arbeitete. Mithilfe dieses Arbeitskollegen nahmen Bernd und Ingrid Kontakt mit Pater Theo, so hieß der Mann, auf und vereinbarten ein Treffen.

Dieses erste Treffen fand ohne mein Beisein statt; meine Tante und mein Onkel erzählten mir zunächst nichts von Pater Theo. Bereits bei der ersten gemeinsamen Sichtung der angeforderten Akte aus Delhi erwies sich Pater Theo als überaus hilfreich, da die Unterlagen zum Teil nur auf Hindi verfasst vorlagen. Es folgten mehrere Tage, in denen sich beide mit der Auswertung beschäftigten. Hierbei ergänzten sich Bernd und Theo hervorragend, was aber trotzdem leider nicht, wie bereits erwähnt, zur Lösung meiner Suche führte.

Im September 2014 trafen Ingrid, Bernd und ich Pater Theo. Bei diesem für mich ersten Treffen zeigte ich mich sofort von seiner sehr freundlichen und ruhigen Art angetan. Er erwies sich als ein sehr liebenswerter, lustiger und gemütlicher Mann. Er schilderte mir, dass er im Rahmen einer Abordnung seines indischen Ordens bereits vier Jahre in Steinfurt-Borghorst als Pater arbeitete. Die Tatsache, dass Theo in Raigarh geboren worden war, verschlug mir zunächst die Sprache. Dasselbe Raigarh, das auch mein Geburtsort war. Konnte dieses Treffen wahrhaftig nur Zufall sein? Ich erzählte Theo meine Geschichte, meine Erfahrungen und meine Sehnsüchte. Er hörte sich alles absolut aufmerksam an und versprach mir, mich völlig, im

Rahmen seiner Möglichkeiten, bei der Suche zu unterstützen. Erst jetzt erfuhr ich auch, dass Theo und Bernd bereits die Akten gemeinsam sichteten.

Um einen frischen Impuls für die Suche zu geben, schlug Theo zunächst vor, seine Ordensbrüder und Ordensschwestern in Raigarh und Umgebung in die Suche mit einzubeziehen. Er wollte sie bitten, sich umzuhören, ob sich noch Personen an 1989 geborene Zwillingsmädchen erinnern könnten. Diese Herangehensweise begründete Theo mit dem Umstand, dass die wenigsten Inder in der genannten Region lesen oder schreiben könnten. Wichtige Ereignisse und Tatsachen werden im Allgemeinen in Erzählungen, von Mund zu Mund weitergegeben. Natürlich gefiel mir sein Vorschlag. Abschließend vereinbarten wir weitere Treffen, wobei Theo versprach, sich augenblicklich zu melden, sollte sich etwas Neues ergeben. Wie wichtig und hilfreich Theo noch für mich würde, konnte ich zu diesem Zeitpunkt nicht mal im Ansatz erahnen.

23. Generalvikar Theo Paul

Bernd, der immer für eine Überraschung gut ist, berichtete mir im Laufe dieser Zeit von einem Freund aus Osnabrück. Bis auf den Umstand, dass dieser Freund Theo Paul hieß und für die Kirche arbeitete, ließ er mich zunächst über diese Person im Dunkeln. Allerdings schien er völlig davon überzeugt zu sein, dass dieser Theo Paul mir bei meiner Suche auf jeden Fall helfen könnte. Offensichtlich schien es für Bernd, dass wir nur mithilfe der Kirche Erfolg haben könnten, da es sich bei dem Orden der M.o.C. ebenfalls um eine katholische Einrichtung handelte. Wie schon erwähnt, komme ich mit Überraschungen und unbekannten Situationen nicht zurecht, worauf ich Bernd drängte, mir mehr über diesen Theo Paul zu verraten.

Ich erfuhr, dass Onkel Bernd diesen Theo Paul bereits aus seiner Jugendzeit als Messdiener kannte. Theo Paul hatte zu dieser Zeit das Amt des Pfarrers in Bernds Gemeinde inne. Letztlich führte ihn sein beruflicher Werdegang bis zum Generalvikar von Osnabrück und folglich zum Vertreter des dortigen Bischofs. Erstaunt, wen Bernd kannte, verschlug es mir zunächst die Sprache. Ohne, dass ich noch etwas einwenden konnte, teilte mir Bernd mit, dass er bereits ein Treffen in Osnabrück vereinbart hätte.

Bernd, Ingrid, Pater Theo und ich trafen uns im September 2014 mit Theo Paul wie vereinbart in Osnabrück. Erstaunlicherweise für uns alle fand dieses Treffen nicht in Theo Pauls Diensträumen statt, sondern auf seinen Wunsch hin völlig ungezwungen in einem überaus schönen griechischen Restaurant. Ich erkannte sofort, dass zwischen Bernd und Theo Paul eine ausgeprägte Freundschaft bestand, so warmherzig und freudig begrüßten sich beide. Auf mich wirkte Theo Paul ungemein herzlich. Nichts deutete in seiner Art darauf hin, dass er dieses hohe Amt bekleidete. Seine gesamte Gestik, Mimik und Art auf mich einzugehen, zeigten sein ungeheures Interesse an meiner Geschichte. In dieser ungezwungenen und entspannten Atmosphäre fiel es mir überaus leicht, mich zu öffnen und von meinen Erlebnissen zu berichten.

Theo Paul hörte zunächst aufmerksam zu, stellte ab und an kleine Verständnisfragen und gab letztlich einen entscheidenden Hinweis. Er wusste um die Umstände und die Geschichte der M.o.C. und der Tatsache, dass als zweite Nachfolgerin von Mutter Teresa Schwester Mary Prema Pierick zur Generaloberin, demnach zum Ordensvorstand, gewählt wurde. Viel maßgeblicher schien aber die Tatsache, dass es sich bei Schwester Mary Prema Pierick um die gebürtige Mechthild Pierick, geboren in Reken handelte. Theo Paul riet mir, mit dem Bischof in Münster, Dr. Felix Genn, Kontakt aufzunehmen, da der Schwester Mary Prema Pierick persönlich kannte.

Als Weg der Kontaktaufnahme riet er mir weiter, dem Bischof einen persönlichen, emotionalen Brief mit der Schilderung meiner für mich bedrückenden Umstände zukommen zu lassen. Theo Paul zeigte sich sehr zuversichtlich, dass diese Vorgehensweise meine Suche sehr nach vorn bringen würde. Dass Bischof Dr. Felix Genn mein Anliegen ignorierte, schien für Theo Paul undenkbar. Für mich war dieses Treffen ein riesiger Schritt. Endlich wieder ein Anpacken, um die Suche voranzubringen.

Der restliche Abend verflog regelrecht, bevor wir den Heimweg antraten. Pater Theo ermutigte mich während der Rückfahrt, auf jeden Fall diesen Brief zu schreiben.

Vermutlich war es aber dieses hohe respektvolle Amt, was mich zögern ließ. Auf der einen Seite hatte ich hier einen entscheidenden Hinweis erhalten, auf der anderen Seite wollte ich zunächst abwarten, was Pater Theo über seinen Orden in Raigarh in Erfahrung bringen könnte. Zumal Pater Theo noch im Oktober nach Indien reisen würde. Nein, zum damaligen Zeitpunkt entschied ich mich gegen diesen Brief, was von allen Beteiligten akzeptiert wurde.

24. Ein Brief …

Mittlerweile war es Oktober 2014 und Pater Theo hielt sich bereits in Raigarh auf. Ich zählte hoffnungsvoll die Tage bis zu seiner Rückkehr, denn mehr als abzuwarten blieb mir nicht. Alle Möglichkeiten, die Suche voranzubringen, schienen ausgeschöpft. Einzig und alleine der Brief an Bischof Dr. Felix Genn blieb als Alternative. Im Laufe der letzten Jahre musste ich vielfach schmerzlich lernen, dass die hoffnungsvollsten Wege keinen Erfolg brachten. Natürlich versuchte Pater Theo sein Bestes, doch erzwingen konnte auch er nichts.

So kam es, dass ich mich erstmals ernsthaft mit dem Brief beschäftigte. Unzählige Versuche verbrachte ich mit dem Anfang. Nein, es kam mir alles nicht passend genug vor. Wie wird ein Brief mit der völligen Offenbarung der eigenen Gefühle und des eigenen Lebens an eine unbekannte Person geschrieben? Immer und immer wieder fing ich erneut an. Ich erkannte, dass das nicht einfach würde und es sollte bis zur Schlussfassung noch bis März 2015 dauern.

Vier Wochen verbrachte Pater Theo in Indien, natürlich nicht nur mit meiner Suche beschäftigt, sondern auch mit dem Besuch seiner Familie und seines Ordens. Unendlich aufgeregt zeigte ich mich, als es Anfang November, kurz nach seiner Rückkehr, zu einem Treffen kam. Theo kam leider ohne positive Nachrichten zurück.

Seine Ordensschwestern und Ordensbrüder konnten ebenfalls noch nichts in Erfahrung bringen, was zunächst aber der besonnenen Vorgehensweise geschuldet schien. Zu groß die Gefahr, dass durch eine offensive Herangehensweise die M.o.C. die Recherchen würden unterbinden können. Also hieß es wieder einmal abwarten.

Meine vorherigen bescheidenen Versuche, den Brief an den Bischof zu schreiben, schilderte ich Bernd. Er bestärkte mich jedoch dazu, es erneut zu probieren, und so kamen letztlich zwei, für mich überaus emotionale Seiten zusammen.

Sehr geehrter Bischof Genn, ich wende mich mit folgender Bitte um Unterstützung und Hilfe an Sie in der Hoffnung, dass das mir angetane Unrecht endlich beseitigt und mir damit ein Leben in seelischem Frieden ermöglicht wird.

Meine Zwillingsschwester und ich wurden vermutlich am 4. April 1989 in der Region Raigarh in Indien geboren. Aus den späteren Adoptionsunterlagen, die mir erst seit wenigen Monaten vorliegen, geht hervor, dass wir von einer unverheirateten Frau geboren und den Missionaries of Charity (M.o.C.) in Obhut gegeben wurden. Nach kurzem, etwa 6-monatigem Aufenthalt in dem Haus der Schwestern wurden meine Schwester und ich über die Adoptionsvermittlungsstelle ProInfante an unsere deutschen Eltern vermittelt, wo wir bis heute leben. Ich liebe unserer Eltern und unsere deutsche Familie, wie sie mich auch.

Im Jahr 1996 legte Terre des Hommes Deutschland e.V. unter dem Titel ›Ein Kind um jeden Preis? Eine Studie zum Adoptionskinderhandel: erstellt von Gisela Wuttke im Auftrag von terre des hommes Bundesrepublik Deutschland e.V. (1996)‹ eine Studie zu den unseriösen Vermittlungspraktiken der staatlich anerkannten Adoptionsvermittlungsstellen pro infante action: kind in not e.v. (Aufgegriffen im Magazin Der Spiegel 21/2001) vor. Nicht zuletzt aufgrund der in dieser Studie nachgewiesenen Fälle schwerer Irreführung der deutschen Jugendbehörden und Adoptionseltern hat die Adoptionsvermittlungsstelle ProInfante die Berechtigung, Kinder aus der sog. zweiten und dritten Welt an Adoptionseltern zu vermitteln, vollständig verloren, da es in vielen Fällen zu Unregelmäßigkeiten gekommen ist. Das Kinderhilfswerk Terre des Hommes wie auch der NRW Landtag, haben dieses Thema ausführlich beschrieben. Unterlagen wurden unvollständig und / oder gefälscht den deutschen Behörden übergeben. In vielen Fällen waren der kath. Orden der M.o.C. in diese Adoptionen eingebunden.

Auch meine Unterlagen waren nicht vollständig, was ich erst jetzt mit Hilfe meiner Familie und einem indischen Anwalt herausgefunden habe. Neben fehlenden gerichtlichen Dokumenten liegt auch keine Freigabeerklärung zur Adoption durch meine leibliche Mutter vor.

Ich habe mehrfach den Orden der M.o.C. darum gebeten, Kontakt mit meiner lebenden Mutter aufnehmen zu dürfen. Der Name sowie der Aufenthaltsort meiner Mutter und meiner Herkunft ist dort bekannt, wird mir aber mit dem Argument verweigert, dass es mir doch gut geht und ich dankbar sein soll.

Ich selbst bin 2007 nach Indien gereist, um persönlich vor Ort ein Gespräch zu suchen und mein Anliegen vorzutragen. Dies hat ebenfalls zu keinem Ergebnis geführt. Ich bin im Gegenteil vor den Toren einer Schule angegriffen worden und konnte mich nur mit Hilfe meines Dolmetschers in diese retten.

Papst Franziskus hat gesagt, dass es keine Privilegien für Amtsträger gibt. Weiter hat er noch im Februar dieses Jahres gesagt: Die Kinder sollen wissen, dass die Kirche keine Kräfte schont, um ihre Kinder zu schützen und dass sie das Recht haben, sich mit vollem Vertrauen an sie zu wenden, weil sie ein sicheres Haus ist.

Mit welchem Recht verweigert daher die Oberin mir die Auskunft über meine Mutter und meine Geburt?

Sehr geehrter Herr Bischof Genn: Ich bin Isabel Hövels, geboren angeblich am 4. April 1989 in Raigarh. Adoptiert wurde ich mit einem halben Jahr. Seit ich denken kann, frage ich mich, warum ich zur Adoption freigegeben wurde, wer meine leiblichen Eltern sind und wie sie aussehen ... und ob ich Geschwister habe. Ich möchte herausfinden, warum ich so bin wie ich bin, um Verhaltensweisen von mir zu verstehen.

Es sind alltägliche Situationen, in denen ich mit persönlichen Fragen konfrontiert werde, auf die ich selber keine Antworten weiß. Es vergeht kein Tag, an dem ich mich nicht frage, ob es irgendwo da draußen auf dieser Welt jemanden gibt, der gerade an mich denkt – sich fragt, ob ich lebe oder es mir gut geht. Ob es jemanden gibt, der genauso denkt und fühlt. Je älter ich werde, desto klarer und bewusster wird mir, wie wichtig das Ganze für mich ist im Leben. Hat nicht jeder Mensch das Recht zu erfahren, woher er kommt?

Ich bitte Sie um Ihre Unterstützung und Hilfe. Besteht die Möglichkeit, dass Sie als Bischof Ihren bischöflichen Bruder in Indien kontaktieren und ihm meine Situation schildern? Kann er mit den M.o.C. sprechen und sie ersuchen, den Kontakt zu meiner leiblichen Mutter herzustellen?

Gerne stelle ich Ihnen meine hier nur kurz zusammengefasste Situation und mein Anliegen persönlich vor.

Vielen Dank für Ihre Unterstützung im Voraus!

Mit freundlichen Grüßen

Isabel Hövels

Da lag dieser Brief vor mir. Ich schilderte, so offen es ging, meine Situation und meine Gedanken, verwies aber zeitgleich auf bereits aufgedeckte Ungereimtheiten. Zwei Seiten, die als allerletzte Alternative für mich standen. Bevor ich diesen Brief mit mächtigem Herzklopfen abschickte, wartete ich noch mehrere Wochen auf mögliche Hinweise der Ordensbrüder und Ordensschwestern aus Raigarh. Leider kam da nichts.

25. … und noch ein Brief

Der 5. Mai 2015, ein Dienstag und normaler Arbeitstag, begann wie üblich um sechs Uhr. Mein Wecker riss mich aus dem Schlaf, nur damit ich noch einige Minuten dösen und meinen Gedanken freien Lauf lassen konnte. »Ja, heute schicke ich den Brief ab«, motivierte ich mich, wobei ich nervös wurde. Die Recherchen von Theos Ordensschwestern und Brüdern brachten leider keine neuen Erkenntnisse. Der letzte Strohhalm, die letzte Möglichkeit, meine gesamte Hoffnung – genau das war dieser Brief für mich. Entgegen meiner Natur erledigte ich die Morgenroutine überaus rasch, aber auch erstaunlich entspannt, bevor mich mein Arbeitsweg an der Post in Emsdetten vorbeiführte. Ohne zu zögern oder es mir anders zu überlegen, steckte ich den Brief ein, der sich in einem unspektakulären typischen weißen Umschlag befand. Ich fühlte eine große Erleichterung und eine gewisse Befreiung, wusste aber auch, dass es erneut wieder hieß: abwarten.

Während des restlichen Tages fragte ich mich häufig, wie der Bischof reagieren könnte. Was würde er denken, wie würde er handeln? Ist mein Anliegen eventuell sogar zu unbedeutend? Ohne natürlich eine Antwort auf diese Fragen zu finden, holte mich der Arbeitsalltag prompt wieder ein. Gegen Abend hatte ich es obendrein schon wieder verdrängt, den Brief abgeschickt zu haben.

Die kommenden Wochen zeigten sich geprägt durch meine Arbeit und anstehenden Braut-Stylings, die meine lückenlose Aufmerksamkeit beanspruchten. Verbleibende Freizeit genoss ich mit meinem Freund Mike, meinen Freundinnen und meinen Eltern, sodass ich kaum an den Brief dachte.

Zusätzlich zerbrach ich mir den Kopf darüber, was ich Mike zu seinem Geburtstag am 29. August schenken könnte. So ergab es sich, dass ich völlig ahnungslos am Donnerstagabend, 27. August meinen Briefkasten öffnete. *Der Bischof von Münster* prangte gedruckt auf einem braunen Din-A5-Umschlag. Mir wurde abwechselnd heiß und kalt. Mit zittrigen Händen nahm ich den Brief an mich.

Ich hatte Angst, was erwartete mich? Schlagartig kam mir in den Sinn, dass es vermutlich wieder nur eine Enttäuschung sei. Ohne weitere Aufregung ging ich in meine Wohnung, legte den Brief ungeöffnet auf den Esstisch und setzte Wasser für Reis und tiefgekühlte Königsberger Klopse auf. Erst jetzt nahm ich den Brief erneut an mich. Öffnen? Jetzt? Ohne, dass ich etwas dagegen unternehmen konnte, wurde mir schlecht. Langsam schnitt ich die oberere Lasche des Umschlags mit einem Küchenmesser auf.

Im Inneren erkannte ich mehrere Seiten sowie einen weiteren kleinen, weißen, verschlossenen Umschlag. Behutsam entnahm ich den Inhalt und breitete den auf dem Esstisch aus. Der Bischof von Münster, Dr. Felix Genn begann ein auf beigem Briefpapier verfasstes Anschreiben an mich.

Sehr verehrte, liebe Frau Hövels … Ich begann zu zittern und meine Übelkeit wurde nicht besser. In knappen, aber herzlichen Zeilen informierte mich Bischof Dr. Felix Genn, dass er am 21. August 2015 eine Antwort auf seine Anfrage durch die Generaloberin der Schwestern der Mutter Teresa erhalten hatte. Diese Antwort, sowie einen weiteren verschlossenen Umschlag habe er seinem Anschreiben beigefügt. In tiefer Zuversicht, dass er mir helfen konnte, bat er um eine kurze Rückmeldung.

So kurz dieses Anschreiben, so groß meine Erwartungen. Sollte meine Suche hier wahrhaftig erfolgreich enden? Ich schaute auf einen weiteren Briefbogen, in dessen oberer linken Ecke das Logo der Missionaries of Charity hervorstach.

Hochwürdiger Herr Bischof, begann die Unterzeichnerin Schwester Mary Prema Pierick ihre Antwort. Diesem Anschreiben, datiert auf den 15. August 2015, konnte ich entnehmen, dass bereits am 10. Juni 2015 die Anfrage von Bischof Dr. Felix Genn bei den Schwestern der M.o.C. eingegangen war. Schwester Prema bestätigte die Adoptionsvermittlung meiner Schwester und mir, ohne jedoch auf genauere Umstände einzugehen.

Leibliche Mutter Frau Gulmat Bai Jatwar, las ich weiter. **Gulmat Bai Jatwar** las ich erneut.

Ich hatte einen Namen. Meine leibliche Mutter. Gulmat.

Schwester Prema verwies auf einen Brief meiner Mutter aus Indien. Ich weinte und konnte nicht weiterlesen. Ein einfacher Name, der aber so viel bedeutete. Meine komplette Suche mit ihren ungemeinen Anstrengungen und diesen vielen Lügen und Verheimlichungen endete offensichtlich auf solch einfache Weise. Ein einzelner Brief an den Bischof hätte so viel schneller helfen können? Hatte ich nicht selbst unzählig oft versucht, bei den Schwestern der M.o.C. Antworten zu bekommen? Nein, ich wollte nicht daran zurückdenken. Nicht jetzt!

Schwester Prema deutete weiter an, dass Schwestern der M.o.C. meine Mutter in Raigarh besuchten und von den Lebensumständen berichteten. Dieser kleine verschlossene Briefumschlag sollte ein Foto, einen Brief meiner Mutter und die zugehörige Übersetzung enthalten. Wieder weinte ich.

Ich hatte Angst, den Umschlag zu öffnen, riss mich aber zusammen. Was ich jetzt sah, zerrte mich vollends in ein Gefühlschaos. Ich hielt ein farbiges Bild in der Größe einer Postkarte in der Hand. Darauf zeigten sich zwei weibliche und eine männliche Person sowie zwei kleine Kinder. Über diesem Gruppenbild klebte ein farbiges Passbild mit der handschriftlichen Notiz.

Mother!

Abb. 25 Beiliegende Bilder im Brief von Schwester Prema

Nicht nur einen Namen, nein, ich hatte auch endlich ein Gesicht. Wie lange ich dieses Bild anschaute und im Gesicht meiner Mutter Ähnlichkeiten suchte, kann ich nicht mehr einschätzen. Abwechselnd weinte und freute ich mich. Glücksgefühle und Schock wechselten sich unaufhörlich ab. Erst später schaute ich auf die Rückseite des Bildes und entdeckte zwei weitere Passbilder, sowie handschriftliche Erklärungen: *In the Right – Oldest Brother* ***Arjun Satnamy****. In the midle –* ***Mother Gulmat Satnamy****. In the left – Oldest brothers wife and both children are oldest brother's children.*

Die Passbilder zeigten eine junge männliche und junge weibliche Person. *Younger Brother* ***Ravi****. Wife of Ravi,* las ich neben diesen. Ich wusste es, meine Mutter lebte! Nicht nur das, nein, ich hatte auch noch Geschwister, Schwägerinnen, Nichten und Neffen.

Ein weiterer Briefbogen, vermutlich eine Seite aus einem Collegeblock, offenbarte mir die vorherrschende Familiensituation. Schwester Prema hatte dieses in englischer Sprache verfasste Schreiben mit einem kurzen Hinweis in Deutsch handschriftlich ergänzt. Sie bot unter anderem an, mich und meine Schwester bei einem möglichen Besuch unterstützen zu wollen. Ja klar, plötzlich wollte sie mir helfen, doch darauf würde ich auf jeden Fall verzichten. Verärgert über diese offensichtliche Oberflächlichkeit, widmete ich mich wieder der Situationsschilderung.

Erwartungsgemäß lebte meine indische Familie unter einfachsten Umständen und verdiente Geld ausschließlich als Tagelöhner. Mehr konnte ich zu den aktuellen Lebensumständen nicht erfahren. Letztlich folgte eine Auflistung meiner Geschwister:

- Sita Jatwar (Schwester)
- Arjun Jatwar (Bruder)
- Parwati Jatwar (Schwester)
- Doku Jatwar (Bruder, gestorben 2001 bei einem Verkehrsunfall)
- Sheetal Jatwar (Schwester)
- Sindu und Bindu (die indischen Namen meiner Zwillingsschwester und mir)
- Ravi Jatwar (Bruder)

Völlig sprachlos hatte ich von einem Moment zum anderen nicht nur eine Mutter, nein, ich hatte neben Helena noch drei Brüder und drei

Schwestern. Ich öffnete behutsam den Brief meiner Mutter an mich. Was geschrieben stand, konnte ich nicht lesen, der Brief war auf Hindi. Jedoch lag diesem Brief eine englische Übersetzung bei.

Meine leibliche Mutter schilderte darin die damaligen schwierigen Umstände, die zu meiner Adoption geführt hatten. Nach unserer Geburt verstarb unser Vater plötzlich und unerwartet. Bereits zuvor verfügten sie nicht über genügend Nahrungsmittel, um sich und unsere fünf älteren Geschwister zu ernähren. Erschwerend kam der Umstand hinzu, dass unsere Mutter erneut mit unserem jüngsten Bruder Ravi schwanger war. Diese Familie hatte nichts, keine Kleidung, kein Geld, keine Lebensmittel, kein Wasser, kein in Indien so wichtiges männliches Familienoberhaupt und einzig eine kleine, bescheidene Hütte zum Wohnen. So schwer die Entscheidung auch fiel, übergab uns meine Mutter in die Obhut der Schwestern der M.o.C., in der Hoffnung auf ein besseres Leben, nein, in der Hoffnung, dass wir überhaupt überlebten. Ohne diesen Schritt wären wir damals mit hoher Wahrscheinlichkeit verhungert. Sie wünschte sich für uns eine bessere Zukunft mit schulischer Bildung. Mit keinem Wort ging sie auf ihre Zustimmung zu einer Adoption ein.

Da saß ich nun in meinem Wohnzimmer und versuchte, die Neuigkeiten einzuordnen. Die Informationen in den Briefen passten nicht im Entferntesten zu denen, die ich zuvor durch die M.o.C. erhalten hatte. Vom Tod meiner Mutter, über angebliche uneheliche Kinder bis hin zum Verhalten der Schwestern vor Ort unterschied sich alles von den neuen Fakten und den plötzlich offenen Bemühungen der M.o.C. Mich beschlich ein ungutes Gefühl, ohne dass ich genau sagen konnte, was es damit auf sich hatte. Immer und immer wieder las ich die Briefe, schaute mir die Bilder an.

Vergeblich versuchte ich, Bernd und Ingrid zu erreichen. Keine Chance, fortwährend landete ich auf der Mailbox. In dieser Nacht konnte ich nicht schlafen. Licht aus, Licht an. Die Briefe lesen, die Bilder schauen. Nachdenken. Wieder versuchen zu schlafen, um nur erneut die Briefe zu lesen und letztlich doch einzuschlafen.

»Ich habe vom Bischof einen Brief erhalten mit Fotos und einem Brief meiner leiblichen Mutter«, erklärte ich Bernd am Morgen des 28. August 2015 am Telefon. Er hatte mich bereits um sieben Uhr morgens zurückgerufen und wir vereinbarten sofort ein Treffen in Münster.

Noch vor dem Beginn meiner Arbeit saßen Bernd, Ingrid und ich beim Stadtbäcker an der Kanalstraße in Münster. Bernd und Ingrid schauten sich genau die Briefe und Bilder an.

»Wie geht es dir mit diesem Wissen und was denkst du darüber«, fragte Bernd.

Ja, wie ging es mir mit diesen Informationen? Bereits am Abend zuvor beschlich mich ja dieses ungute Gefühl, das ich zunächst nicht einordnen konnte.

»Ich weiß nicht, ob das alles so stimmt. Im Moment möchte ich das nicht an mich heranlassen. Ich habe Angst, dass das alles auch nicht wahr ist.«

Ingrid und Bernd teilten meine Bedenken, zumal niemand von uns in der Lage war, den originalen Brief meiner Mutter auf Hindi zu lesen. So war es nur logisch, dass wir uns wieder mit Pater Theo treffen mussten. Natürlich nicht nur der Übersetzung wegen, sondern auch, um ihm die aktuellen Entwicklungen zu schildern.

26. Pater Theos Einschätzung

Für den 30. August 2015 verabredeten Bernd, Ingrid und ich uns mit Pater Theo. Am Abend zuvor lud Mike meine Eltern, seine Eltern, Karin und Werner, sowie seinen besten Freund Marcus zu einem gemütlichen Abendessen in ›Lorenbecks Wirtshaus‹ in Rheine ein. Natürlich hatte ich Mike direkt von dem Brief berichtet, ihn aber auch gebeten, noch nichts davon zu erwähnen. Ich war mir dennoch völlig im Klaren, dass er mit Marcus darüber reden würde.

So saßen wir am 29. August 2015 in geselliger Runde zusammen. Immer wieder und wieder schaute ich zu meinen Eltern und fragte mich, was sie zu dem Brief sagen würden. War es nicht überdies unfair ihnen gegenüber, den Brief zunächst unerwähnt zu lassen? Während der gesamten Zeit haben sie mich immer unterstützt und standen hinter mir und dem, was ich unternahm. Sie fragten mich häufig nach dem Stand meiner Suche, und nun drückte ich mich davor, den augenscheinlichen Erfolg mit ihnen zu teilen. Nein, fair schien es nicht, doch für mich waren die Briefe und Bilder ja auch noch kein Fakt.

Bis zum 7. September 2015 sollte es noch dauern, bis ich mich in der Lage fühlte, mit ihnen über den Brief zu reden.

Pater Theo erwartete Bernd, Ingrid, Mike und mich bereits wie gewohnt mit Kaffee und Kuchen im Borghorster Pfarrhaus. Jedes Mal aufs Neue beeindruckte mich seine fröhliche und herzliche Art, wobei er über sein großes rundes Gesicht strahlte und lachte und uns herzlich willkommen hieß. Ohne ihn zuvor von dem Brief in Kenntnis gesetzt zu haben, überraschte ich ihn damit. Pater Theo folgte überaus genau meinen Ausführungen, meinen Bedenken und der Beschreibung meiner Gefühle, bevor er mich letztlich bat, die Briefe und Bilder zu sehen. Behutsam öffnete er die einzelnen Umschläge und las zunächst den Brief des Bischofs, dann Schwester Premas Brief und letztlich den Brief der Schwestern, die Gulmat zu Hause besucht hatten. Schließlich kam er zu Gulmats Brief, und er fragte mich, ob er den übersetzt vorlesen dürfe. Natürlich willigte ich ein.

Seine Übersetzung wich in keinem Punkt ab von dem, was ich bereits aus der englischen Übersetzung wusste. In diesem Punkt konnte ich mir des Inhaltes von Gulmats Brief sicher sein. Nachdem Pater Theo geendet und sich noch intensiv die Bilder angeschaut hatte, bat er mich darum, einige Gedanken zu äußern.

»Es freut mich sehr, dass wir diese Briefe und Bilder erhalten haben. Doch wenn ich daran denke, was in der Vergangenheit für Unwahrheiten erzählt wurden, wie deine Suche vonseiten der M.o.C. erschwert wurde und wie die Strukturen der M.o.C. sind, können wir nicht sicher sein, dass diese Briefe und Bilder der Wahrheit entsprechen.«

Er sprach damit aus, was auch ich insgeheim befürchtete. Zu schnell erschien mir dieses Ergebnis. Für Pater Theo ging es nun vorrangig darum, die Briefe und die Inhalte einzuordnen, weshalb er zunächst vorschlug, telefonisch Kontakt mit Gulmat und ihrer Familie aufzunehmen. In der englischen Übersetzung fand sich neben der Anschrift auch eine Telefonnummer, was dieses Vorhaben erleichterte. So beschlossen wir, dass Pater Theo im Laufe der Woche Kontakt mit der Familie aufnehmen würde und wir uns im Anschluss an dieses Telefonat erneut zusammensetzen.

»Hallo, Isabel!« Pater Theo rief mich keine drei Tage später an. »Ich habe mit Gulmat telefoniert.«

Diese kurzen Worte erzeugten eine sofortige erwartungsvolle Anspannung in mir. Noch bevor ich eine Frage stellen konnte …

»Die Familie und Gulmat möchte unbedingt mit dir telefonieren. Natürlich habe ich erklärt, dass dieses aufgrund der Sprachbarriere kompliziert sei, doch ihnen reicht es, deine Stimme zu hören.«

Es ging plötzlich alles so rasend schnell, dass ich kaum hinterherkam, diese Informationen zu erfassen. Pater Theo schien meine Befürchtungen und Bedenken zu ahnen.

»Wir sollten weiterhin vorsichtig handeln, da immer noch nicht sicher ist, dass es sich wirklich um deine Mutter handelt. Ich habe zwar ein positives Gefühl, doch dieses Telefonat war nicht geeignet, die bestehenden Zweifel zu beseitigen.«

Pater Theo beschrieb mir anschließend den kurzen Gesprächsverlauf. Er hatte sich zunächst vorgestellt, seine Rolle als Vermittler erklärt und geantwortet auf einige Fragen von Gulmat: wie es mir ginge, wie ich lebte, was ich beruflich machte. Gulmat veranschaulichte Pater Theo noch mal die damaligen Umstände, die sie dazu bewegt hatten, meine Schwester und mich in die Obhut der M.o.C. zu geben. Letztlich vereinbarten wir, das Telefonat mit Gulmat am 16. September 2015 um halb acht deutscher Zeit im Beisein von Ingrid und Bernd anzugehen. Der Gedanke an dieses Gespräch war so aufregend! Was sollte ich sagen oder fragen? Wie würden wir alle reagieren? Unzählige Gedanken schossen mir durch den Kopf.

Mittwoch, 16. September 2015. Auf dem ausladenden, schweren und dunklen Tisch im Pfarrbüro standen für Ingrid, Bernd und mich bereits Kaffeetassen und Gläser mit Wasser. Pater Theo wirkte wie immer völlig ruhig und freundlich. Seine Art und sein Wesen strahlten ebenfalls eine beruhigende Wirkung auf mich aus. Bis zu unserer Ankunft in Borghorst hatte sich meine Anspannung in Grenzen gehalten. Doch jetzt, so kurz vor dem Telefonat, überschlugen sich meine Gedanken und Gefühle. Alle Fragen, die ich mir vorgenommen hatte zu stellen, schienen plötzlich weg zu sein.

Pater Theo hatte alles vorbereitet und das Gespräch sollte über eine App namens Viber mit seinem Tablet geführt werden.

»Bist du bereit?«

Drei, vier Mal ertönte das Freizeichen, bevor am anderen Ende eine männliche, fröhliche und laute Stimme erklang.

»Namaste! Namaste!« »Namaste, Germany here«, erwiderte Pater Theo die indische Begrüßung fröhlich und ebenso laut. Jetzt verstand ich kein Wort mehr. Das Gespräch wurde auf Hindi weitergeführt. Ich erkannte aber an der Art, wie Pater Theo sprach, dass es sich um ein ungemein ungezwungenes, fröhliches Gespräch handelte, ganz so, als ob sich alte Bekannte nach langer Zeit wieder unterhielten. Bernd, Ingrid und ich versuchten, in dem Gespräch Worte zu erkennen, was aber nicht gelang. Was mir jedoch auffiel, dass Pater Theo nicht nur mit einer Person telefonierte. Viele unterschiedliche männliche und weibliche Stimmen prägten das Gespräch, bevor mich Pater Theo nach gefühlten fünf Minuten einlud, etwas zu sagen.

»Isabel, sag etwas zur indischen Familie.«

»Was soll ich denn sagen, ich bin so aufgeregt.«

»Egal was du sagst, sie möchten einfach nur deine Stimme hören.«

Mit einem leichten Zittern in der Stimme begann ich.

»Hallo, ich bin es, Isabel. Ich freue mich so, euch endlich gefunden zu haben, und ich möchte euch bald besuchen kommen!«

Pater Theo übersetzte meine Worte in Hindi und ich spürte förmlich die große Erleichterung am Ende der anderen Leitung. Neben fröhlichen Worten bemerkte ich auch, dass offensichtlich einige weinten. Weinten vor Glück.

›Gulmat‹ verstand ich unerwartet als Wort aus dem Gespräch, und Pater Theo bestätigte, dass Gulmat etwas sagen wollte. Jetzt hörte ich zum ersten Mal ihre Stimme. Ich hatte ein Gesicht, einen Namen, eine Stimme und ich konnte meine Tränen nicht zurückhalten.

»Wenn du jetzt hier wärst, würde ich dich in den Arm nehmen«, übersetzte Pater Theo. Einige Minuten lang unterhielt sich Pater Theo noch auf Hindi, bevor das Gespräch endete.

Für mich verging alles viel zu rasch. Ich hatte doch so viele Fragen. Ich wollte doch so viel wissen. Pater Theo beruhigte mich und gab mir einen Zettel mit einer Telefonnummer.

»Das ist die Telefonnummer von Lakshmikanth, deinem Cousin. Du kannst ihn über WhatsApp kontaktieren und er wird deine Fragen, er spricht Englisch, mit Hilfe von Gulmat beantworten können. Sie würden sich ebenfalls sehr freuen, wenn du ihnen ein paar Bilder von dir schicken könntest.«

Natürlich wollte ich mehr über das erfahren, was Pater Theo zuvor auf Hindi gesprochen hatte.

Umfassend beschrieb er mir, dass fast die komplette Familie zusammengekommen war, nur um meine Stimme zu hören. Meine Mutter, meine Brüder und Schwestern und meine Cousins lauschten in Gulmats Hütte dem Telefonat. Lakshmikanth war es auch, der das Gespräch mit Pater Theo eröffnete und ihn in den ersten Minuten bat, seine Telefonnummer an mich weiterzugeben. Pater Theo schloss seine Beschreibung mit mahnenden Worten, dass sich zwar alles gut anhöre, aber dass es immer noch keine Gewissheit gäbe, und er daher zur Vorsicht rate.

»Aber wie wollen wir denn eine Gewissheit bekommen?«

Er strahlte. »Ich werde im Oktober meine Familie und meinen Orden in Indien besuchen. Während dieses Aufenthaltes beabsichtige ich, natürlich nur mit deinem Einverständnis, Gulmat zu besuchen.«

Natürlich war ich damit einverstanden, ohne auch nur im Entferntesten zu wissen, was für ein Umweg dieser Besuch für Pater Theo bedeutete.

27. Pater Theo und Gulmat

Also richtig warm ist es Ende Oktober auf Kos nicht wirklich. Mit dicken Pullis lagen Mike und ich am Strand und lauschten den Wellen und Geräuschen des Meeres. Immer wieder musste ich an Pater Theo denken, der sich zu diesem Zeitpunkt in Indien aufhielt. Vor seiner Abreise hatte ich ihm noch einen Brief für Gulmat mitgegeben. Auf drei Seiten schilderte ich meine Gefühle, meine Gedanken, meine derzeitigen Lebensumstände und meine innere Unruhe, die mich so lange begleitete. Ich versuchte, gedanklich die Reise von Pater Theo nachzustellen, ohne überhaupt eine Ahnung von seinem Zeitplan zu haben. Wo war er jetzt aktuell? Ist es schon zu einem Treffen gekommen? Was hat er erfahren? All diese Fragen wiederholten sich ständig. Trotz des entspannten Urlaubes spürte ich wieder diese Unruhe. Doch mehr als Warten konnte ich nicht.

Piep-piep-piep-piep, meldete sich mein Handy am Abend des 30. Oktober 2015 unaufhörlich und ich erhielt völlig unerwartet zahlreiche Nachrichten von Pater Theo aus Indien. Neben Bildern führte er nur kurz aus, dass er sich zunächst mit Sunil getroffen habe und beide anschließend gemeinsam Gulmat besucht hätten. Auf einen ausführlichen Bericht verwies er bei einem späteren Treffen. Ich sollte mir keine Sorgen machen, alles sei in bester Ordnung. So kurz diese Zeilen auch schienen, sie nahmen mir doch einen gehörigen Teil meiner Unruhe. Dass Mike mit unseren Getränken von der Hotelbar zurückkehrte, registrierte ich nicht. Zu vertieft war ich in der Betrachtung der Bilder.

Ich erkannte Gulmat und meine Geschwister und natürlich auch Sunil. Alle wirkten fröhlich und glücklich, was ich auch deutlich von Pater Theos Gesicht ablesen konnte. Immer und immer wieder schaute ich die Bilder durch.

An diesem Abend unterhielten Mike und ich uns sehr lange über die zurückliegenden Ereignisse und die Suche, und wir überlegten zum ersten Mal konkret, wann wir nach Indien reisen könnten. Ich wollte natürlich am liebsten sofort los, doch so einfach war es dann doch nicht. Neben dem Beantragen der Visa, dem Buchen der Flüge und Hotels sowie den nötigen Impfungen musste auch noch der optimale Reisezeitraum beachtet werden. Tendenziell am kühlsten und auch trockensten ist es im ganzen Land von Dezember bis Februar, wodurch sich für uns der Januar hervorragend eignete.

Ja, für mich stand fest, dass ich im Januar 2016 meine indische Mutter treffen werde.

Unmittelbar nach unserer Rückkehr von Kos trafen Mike und ich uns am Abend des 8. November 2015 mit Pater Theo. Ich war so aufgeregt und konnte es kaum abwarten zu hören, was er zu berichten hatte. Mit seiner bekannt ruhigen und entspannten Art beschrieb er umfassend seinen Besuch bei Gulmat und wie er zunächst Sunil, mit dem er bereits regen Kontakt über Facebook gehalten hatte, persönlich traf. Wiederum war es Sunil, der meine Suche so wertvoll unterstützte.

Pater Theo traf am Vormittag des 30. Oktober 2015 am Bahnhof von Raigarh ein, wo ihn Sunil schon erwartete. Im direkten Anschluss fuhren beide mit einem Tuk-Tuk zu Gulmats Haus. Trotz seines engen Zeitplans wollte Pater Theo so viel Zeit wie möglich mit Gulmat verbringen.

Gulmats Haus, eher eine Hütte aus Steinen und Lehm mit zwei Räumen, liegt auf einem kleinen, von Mauern und angrenzenden Hütten umgebenen Grundstück. So arm diese Familie auch war, bei dem Grundstück handelte es sich um Gulmats Grundbesitz. Dieser entstammte einem alten Hilfsprogramm der indischen Regierung, das Bedürftigen einen Platz zum Leben garantierte. Abgelöst wurde dieses Projekt von einem anderen Hilfsprojekt, wonach indische Haushalte jeden Monat für einen überaus geringen Preis, eine bis zwei Rupien pro Kilo, fünfunddreißig Kilo Reis kaufen können. Auch Gulmats Familie, die der untersten Kaste in Indien angehört, erhält diese Unterstützung.

Pater Theo bemerkte beim Betreten des Grundstücks den schlechten Zustand des Hauses, an dem bereits eine Außenmauer eingestürzt war. Später erfuhr Pater Theo, dass dieser Einsturz die Folge eines Hochwassers war. Neben Gulmats Hütte befinden sich noch drei weitere Hütten auf dem Grundstück, die von meinen Brüdern Arjun und Ravi und deren Familien bewohnt werden.

Sunil nahm im Vorfeld des Besuchs natürlich zunächst Kontakt mit Gulmat auf, um Pater Theo anzukündigen. Ohne dass sich Gulmat und Sunil zuvor kannten, entstand hierbei eine freundschaftliche Beziehung zu ihr und besonders zum ältesten Sohn Arjun. Es folgten mehrere Besuche, bei denen Sunil die Familie immer besser kennen lernte und sich die Freundschaft zu Arjun intensivierte.

Dieser ungefähr seit September 2015 bestehende Kontakt war es letztlich auch, der das Treffen zwischen Gulmat und Pater Theo besonders familiär prägte. Die gesamte Familie war zusammengekommen, um Pater Theo zu begrüßen und natürlich zu hören, was er über die verlorenen Schwestern Sindu und Bindu berichten konnte.

In Gulmats Augen erkannte Pater Theo eine tiefe Trauer und Anspannung, durchzogen von Angst und Freude auf das, was er zu berichten hatte.

»Es geht beiden Mädchen sehr gut in Deutschland und sie haben ein sehr schönes Leben.« Pater Theo wollte gegen Gulmats Ängste angehen. Als ob dieser Satz der Startschuss gewesen wäre, prasselten unmittelbar zahlreiche, von Wissensdurst geprägte Fragen auf ihn ein. Umfassend versuchte er, alle Fragen zu beantworten und bat letztlich darum, meinen Brief vorlesen zu dürfen.

Liebe Gulmat, ich heiße Isabel Carla Sindu Hövels. Einfach unglaublich ... seit ich denken kann, habe ich mich immer gefragt, wie meine leiblichen Eltern aussehen – wo sie leben – ob sie leben – ob ich noch weitere Geschwister habe ...

So begann Pater Theo meinen Brief. Aufmerksam lauschten alle Pater Theos Worten bis zur letzten Seite. Ohne im Anschluss auch nur eine Frage zu stellen, wartete die Familie darauf, wie Gulmat reagieren würde. Dieser gefühlt lange Moment verdeutlichte Pater Theo den großen Respekt, den Gulmat innerhalb der Familie genoss. Nicht selbstverständlich in einem Land, in dem diese Frauen sehr häufig als weiße Witwen nach dem Tod ihres Mannes von der Familie verstoßen und von der Gesellschaft ausgeschlossen werden.

Über Gulmats Gesicht legte sich ein erleichtertes Lächeln und in ihren Augen erkannte Pater Theo Tränen der Beruhigung.

»Ich habe große Schuld auf mich geladen, umso mehr freut es mich, dass es Sindu und Bindu gutgeht«.

Sie berichtete von einer sehr schweren Zeit, in der die Mädchen geboren wurden. Es war kein Geld, keine Nahrung, keine Kleidung vorhanden. Muttermilch hatte Gulmat aufgrund der Mangelernährung ebenfalls nicht, womit ihr nichts anderes als die Möglichkeit blieb, die Kinder in die Obhut der M.o.C. zu geben. Die Alternative wäre der Tod der Mädchen gewesen.

Mehr konnte Gulmat in diesem Moment Pater Theo nicht erklären, der sich der sehr emotionalen Lage Gulmats mehr als bewusst war. Einfühlsam lenkte er das Gespräch wieder auf mein Leben in Deutschland. Geduldig beantwortete er alle Fragen, las wieder und wieder meinen Brief vor und zeigte Bilder von mir. Im Laufe des

Abends fotografierten sich alle gegenseitig, wobei auch die Bilder entstanden, die Pater Theo mir per WhatsApp nach Kos gesandt hatte.

Der Abend verging so rasend, dass sich Pater Theo und Sunil spontan bereit erklärten, bei Gulmat zu übernachten. Früh am nächsten Morgen verließen beide die Familie wieder, und Pater Theo versprach Gulmat, dass er ausführlich von seinem Abend mit der Familie berichten werde.

28. Vorbereitungen

Für mich stand fest, dass ich so schnell wie möglich nach Indien wollte. Im Kopf fing ich bereits mit den Planungen an. Der frühestmögliche Reisezeitpunkt lag im Januar, womit noch knapp acht Wochen blieben. Vorher hätte ich keinen Urlaub bekommen und Mike würde auch auf keinen Fall seine Mutter und seinen Vater, der schwer an Krebs erkrankt war, über Weihnachten alleine lassen.

So kristallisierte sich der 22. Januar 2016 als vorstellbarer Abflugtag heraus. Jetzt galt es nur noch, Mike von meinen Planungen zu überzeugen.

»Wir brauchen Impfungen, jeder ein Visum, Hotels, Flüge und Pater Theo. Ist dein Reisepass noch gültig?«, antwortete Mike mit einem Lächeln und nahm mich dabei in den Arm. Natürlich war mein Reisepass noch gültig, so dachte ich wenigstens. In den folgenden Wochen suchten wir passende Flüge und Hotels heraus. Der Zufall wollte es, dass Pater Theo genau während unseres geplanten Aufenthaltes ebenfalls in Indien in der Region einer Priesterweihe beiwohnen sollte und er seine Reiseplanungen so anpasste, dass er uns ab Raigarh begleiten konnte.

Unmittelbar vor Weihnachten waren die Planungen und Impfungen so weit vorangeschritten, dass wir nur noch buchen mussten.

»Das ist jetzt nicht wirklich dein Ernst, oder?« fragte mich Mike, offensichtlich ein wenig verärgert. Ich war felsenfest von der Gültigkeit meines Reisepasses überzeugt, was sich aber als Fehler herausstellte. Seit mehr als einem Jahr war der Pass ungültig. Folglich musste ich zunächst noch einen neuen Reisepass beantragen. Die Buchungen der Flüge und der Hotels verschoben sich somit weiter nach hinten. Zudem konnten wir noch keine Visa beantragen. Der

Zeitrahmen wurde damit deutlich enger. Letztlich erhielt ich per Expressbeantragung kurz nach Weihnachten meinen neuen Pass und wir konnten endlich buchen. Bei den Visa entschieden wir uns für das relativ neue Indien E-Visum, das bei den örtlichen Behörden in Raigarh noch für Verwunderung sorgen sollte.

29. Von Rheine nach Mumbai

Endlich ging es los. Da standen wir also früh am Morgen des 22. Januar 2016 mit unseren Koffern in Rheine am Bahnhof. Kalt, nass und ungemütlich, so präsentierte sich dieser Wintermorgen. Den trostlosen Eindruck des Rheinenser Bahnhofs nahm ich in diesem Moment schon gar nicht mehr wahr. Ich dachte an Hermann und Tille, an den Moment, in dem ich mich am Abend zuvor von ihnen verabschiedet hatte. Ich wollte, dass sie mich verstünden, meine Gedanken nachvollziehen können und auf jeden Fall wissen, dass sie meine Eltern sind und ich sie liebe. Mir kam die Idee, dass ich ihnen während der Reise mein Tagebuch mit meinen Gedanken und Gefühlen zum Lesen in Elte lasse. Das Tagebuch, das mir Tille vor meiner ersten Indienreise gegeben hatte. Zum Buch legte ich einen Brief: ***Nicht Fleisch von Eurem Fleisch. Nicht Blut von Eurem Blut, aber Ihr seid auf wunderbare Weise meins. Ich bin nicht unter Eurem Herzen gewachsen – aber in ihm.***

Die Zugfahrt führte von Rheine nach Münster und von dort weiter zum Flughafen Frankfurt, den wir um circa neun Uhr erreichten. Unmittelbar in der Nähe der Haltestelle konnten wir direkt unsere Koffer bei der Lufthansa aufgeben. Bis zum Abflug hatten wir jetzt noch viereinhalb Stunden Zeit, die wir uns mit einem Gang durch die riesigen Flughafengebäude vertrieben. Je näher wir dem Abflug-Gate kamen, umso mehr Inder bemerkte ich. Da waren sie wieder, diese fremden Laute, die fremde Sprache, die ich nicht verstand, die mir aber doch so vertraut vorkam. Viele Frauen waren typisch europäisch gekleidet, doch hier und da entdeckte ich auch wieder meine geliebten bunten Saris. Nichts in meiner Wahrnehmung unterschied sich von den Erfahrungen meiner ersten Reise. Ich versuchte, im Gesicht von Mike dessen Gedanken abzulesen. Mir schien es so, als fühlte er sich zwischen all den Indern recht wohl.

Der Flug von Frankfurt nach Mumbai gestaltete sich recht unspektakulär. Während des Landeanfluges entdeckte ich wieder dieses imposante Lichtermeer. Ich konnte erneut weder einen Anfang noch ein Ende ausmachen. Mumbai musste, genau wie Delhi, eine exorbitant weitläufige Stadt sein. Jetzt stellte sich bei mir langsam eine gewisse Nervosität ein.

Der Weg vom Flugzeug zu den Grenzkontrollen zog sich endlos hin. Die schier unendlichen Gänge im Flughafen waren mit schweren roten Teppichen ausgelegt und überall standen indische Skulpturen, präsentiert wie in einem Kunstmuseum. Ein überwältigender Eindruck, der jäh durch die Einreiseschalter durchbrochen wurde. Die zahlreichen Kabinen der indischen Einreisebehörde wollten einfach nicht in das zuvor gewonnene Bild passen. Uncharmante Schilder wiesen den Weg zu den entsprechenden Korridoren E-Visum oder Visum. Zu unserer Überraschung waren die E-Visums Schalter nicht stark frequentiert, ganz im Gegensatz zu den normalen Visumsschaltern.

Der indische Beamte schaute mich zunächst etwas skeptisch an, während er meinen Reisepass und das ausgedruckte E-Visum entgegennahm. Gründlich prüfte er zunächst meinen Pass, bevor im Anschluss von mir ein Lichtbild erstellt und meine Fingerabdrücke mit einem Scanner eingelesen wurden. Letztlich erhielt ich den Einreisestempel in meinem Pass und durfte einreisen.

Mike wartete schon hinter den Schaltern auf mich und grinste. »Sonst nehme ich doch immer die Fingerabdrücke.« Er machte auf mich überhaupt keinen aufgeregten Eindruck.

Nachdem wir unser Gepäck auf dem Gepäckband gefunden hatten, wechselten wir noch schnell Euro in Rupien und begaben uns zum Ausgang. Hinter einer von Polizisten bewachten Absperrung warteten gefühlt Hunderte indischer Taxifahrer auf die Ankommenden. Mike schaute mich an, wobei sein Blick jetzt doch etwas verwundert wirkte. Es war mitten in der Nacht, schwül, laut und völlig unübersichtlich. Trotzdem gelang es uns recht rasch, den Fahrer unseres Hotels zu finden. Bevor ich mich versah, hatte er auch schon meinen Koffer in der Hand und ging zu einem hinter der Menschenmenge parkenden PKW. *Courtyard Marriott Mumbai* stand in großen Buchstaben auf der Beifahrer- und Fahrertür.

Während der Fahrt sprach Mike kein Wort. Zu sehr war er offensichtlich von den Eindrücken bewegt, die er auf den Straßen wahrnahm. Wie in Delhi waren auch hier die Straßen voller Menschen, Hunde, Müll, Kühe, Affen und Fahrzeuge aller Art. Genau wie in Delhi?

Nein, in Mumbai erschien es mir extremer. Ich musste daran denken, wie ich mich beim ersten Mal bei diesem Anblick gefühlt hatte und fragte mich, was Mike wohl jetzt im Moment dachte. Bis zum Hotel vergingen circa zehn Minuten. In der Zufahrt mussten wir halten und Sicherheitspersonal überprüfte unseren PKW, wobei unter anderem auch die Motorhaube und der Kofferraum geöffnet wurden. Vor dem Zugang ins Hotel wurde unser komplettes Gepäck geröntgt und wir wurden mittels einer Metallsonde abgesucht. Diese Prozedur sollte uns, nicht zuletzt wegen der anhaltenden Terrorgefahr und den Anschlägen in Mumbai 2008, während unseres gesamten Aufenthaltes in Indien bei jedem Hotel begleiten.

Innerhalb von zehn Minuten hatten wir eingecheckt und befanden uns auf dem Weg in unser Zimmer im dritten Stock. Das Zimmer war wirklich richtig schön und gemütlich. Eingerichtet im westlichen Stil, fehlte es an nichts. Es sollte nicht lange dauern, bis wir völlig erschöpft einschliefen.

30. Mumbai

»Das glaube ich doch jetzt nicht«, hörte ich Mike lachend sagen, als er am Morgen die Vorhänge unseres Zimmers öffnete. Wir waren in der Nacht so erschöpft, dass wir die Gardinen des Panoramafensters nicht geöffnet hatten. Von unserem Fenster aus schauten wir in ein riesengroßes Loch, gesäumt von unzähligen Baugerüsten und einem in der Mitte thronenden alten gelben Kran. Nein, diesen Ausblick hatten wir nun wahrlich nicht erwartet. Der Hintergrund zeigte sich ebenfalls von Baustellen und Kränen geprägt.

Abb. 26 Blick aus unserem Hotelzimmer in Mumbai

»Komm, ich will mehr von Mumbai sehen.« Wir entschieden spontan, uns über die Hotelrezeption einen ortskundigen Fahrer zu organisieren und mit dem den restlichen Tag Mumbai zu erkunden.

Kaum hatten wir das Gelände der Hotelanlage verlassen, begann wieder der besagte typische indische Wahnsinn. Die Straßen quollen nur so über von den Tuk-Tuks, Autos, Motorrädern, Menschen und Tieren. Es schien, als ob dieses enorme Chaos völlig ohne Regeln oder Rücksichtnahme auf andere funktionierte. Jeder fuhr oder bewegte sich dort, wo eben Platz war. Nein, Mumbai wirkte noch eine Stufe unübersichtlicher als Delhi.

Mike schaute während der gesamten ersten Fahrt, die uns vorbei an Slums, kleineren Geschäften, Tempeln und den unzähligen Obdachlosen führte, aus dem Fenster. Ich merkte, dass er innerlich haderte mit dem, was er da sah. Als wir an einer der unzähligen Kreuzungen stoppen mussten, schaute mich Mike liebevoll an, bevor er im nächsten Moment erschrocken zusammenzuckte. Vor seinem Fenster stand ein kleines, circa drei Jahre altes Mädchen und bettelte um Geld und Essen. Das kleine Gesicht war überall mit schwarzem Schmutz bedeckt und die großen dunklen Augen schauten traurig in unseren PKW. Unser Fahrer, der nur wenig sprach, gab kurz zu verstehen, dass wir auf keinen Fall das Fenster öffnen und etwas geben dürften. Mike konnte dem Blick des Mädchens nicht standhalten, ihm schossen Tränen in die Augen.

»Ich würde sie am liebsten mitnehmen.«

So bewegt und betrübt hatte ich Mike noch nie gesehen. Immer wieder kam es an Kreuzungen zu solchen Szenen. Alle Arten von Menschen, Alte, Junge, Frauen, Männer, Kinder, Behinderte schlängelten sich durch die Automassen und versuchten, entweder Waren zu verkaufen oder Geld und Essen zu erbetteln. Hier zeigte Indien seine unschöne Seite in vollem Ausmaß. Nur selten konnten wir beobachten, dass aus den Autos heraus etwas gegeben wurde. Hauptsächlich wurden diese Menschen ignoriert.

Während auch ich meinen Gedanken nachhing, hörte ich Mike plötzlich sagen »Das ist doch ein Mann«, und er deutete auf eine hochgewachsene schlanke Frau in einem bunten Sari, die ebenfalls bei den Autos bettelte. Klar, warum sollte es nicht auch in Indien Transvestiten geben. Doch so einfach schien die Sache dann letztlich doch nicht. Pater Theo erklärte uns später während unserer Rückfahrt mehr dazu.

Unser erster Stopp führte uns zu einer alten christlichen Kirche im Osten von Mumbai. Mount Mary Church liegt in einem schönen und für indische Verhältnisse überaus sauberen Teil Mumbais mit Aussicht über das Arabische Meer. Zahlreiche Verkaufsstände mit allerlei religiösen Gegenständen, Süßigkeiten, Snacks und Getränken säumten das Kirchengrundstück. Die Geschichte der Kirche reicht bis ins 16. Jahrhundert zurück, als portugiesische Jesuitenpriester eine Statue der Jungfrau Maria an diese Stelle brachten und eine Kapelle errichteten. Heute ist die Kirche nicht nur ein Anziehungspunkt für Christen, sondern auch für viele andere Menschen unterschiedlicher Glaubensrichtungen.

Abb. 27 Zuckerwatte am Strand

Abschließend verbrachten wir noch einige Zeit am nahegelegenen Felsenstrand. Das Arabische Meer präsentierte sich an diesem Tag von seiner ruhigen Seite und zahlreiche Familien, Paare und Ruhesuchende verweilten hier. Direkt am Meer hatten sich Obdachlose in selbst errichteten Behausungen niedergelassen und versuchten eigens hergestellte Zuckerwatte zu verkaufen. Genau wie wir es von typischen Volksfesten kannten, standen sie mit ihren alten Verkaufswagen vor ihren Hütten und fertigten an langen Holzstäben Zuckerwatte in unterschiedlichsten Farben an. Welch ein surreales Bild! Alles hätte ich erwartet, aber sicher keine Zuckerwatte am Meer.

Unsere erste Mumbai-Erkundungstour beendeten wir mit einem Halt in der Hill Road, einer typischen indischen Einkaufsstraße mit angrenzendem Straßenmarkt. Ich wollte unbedingt charakteristische indische Kleidung kaufen, weshalb uns unser Weg zunächst in die Trios Fashion Mall führte. Dieses Geschäft bestand aus mehreren Etagen, die ordentlich nach Frauen- und Männerbekleidung getrennt waren. Komisch nur, dass es lediglich männliche Beschäftigte gab. Unbewusst war es gewiss dieser Umstand, der mich von einem allzu langen Aufenthalt in dem Store abhielt.

Trotzdem wurde ich fündig und erstand mehrere Kleidungsstücke, die mein äußeres Erscheinungsbild indisch prägten. Die Vielzahl dieser strahlenden Farben und Muster war überwältigend. Ohne auch nur ansatzweise auf Preise zu achten, ließ ich mich vom Einkauf hinreißen. Der Schock kam an der Kasse, als ich fast unser komplettes gewechseltes Geld übergeben musste.

Okay, Mike verwahrte das Geld in seinem Brustbeutel, wodurch ich diesen Kaufrausch nicht unbemerkt beenden konnte. Er grinste über beide Ohren »Wenn das hier mal keine Touristenfalle ist«, sagte er und nahm mich kurz lieb in den Arm, bevor er bezahlte. Ja, es war schon übertrieben teuer, aber ich fühlte mich überglücklich.

Erst jetzt bemerkte ich gänzlich den Trubel um uns herum. Menschen, Menschen und noch mal Menschen beherrschten das Straßenbild vor der Fashion Mall. Autos und Tuk-Tuks bahnten sich ohne Rücksicht ihren Weg durch diese Massen. Überall am Straßenrand waren Stände aufgebaut, die unterschiedliche Produkte anboten: Gewürze, Schuhe, Uhren, Schmuck, Taschen, Gemüse, Obst und Kleidung prägten die Auslagen. Inmitten der Menschenströme stolperte ich fast über einen Straßenhändler, der seine Güter schlicht und einfach auf einer Decke auf dem Boden anbot. Diese Art der Händler verloren sich fast in der Menge der Marktbesucher.

Wir schlenderten noch ungefähr eine Stunde völlig fasziniert über den Markt, bevor uns unser Fahrer am vereinbarten Treffpunkt abholte und zurück ins Hotel brachte. Diese Eindrücke, das Erlebte, diese Kultur hatten mich völlig in ihren Bann gezogen. Indien auf der einen Seite so schön und auf der anderen Seite dieser totale Gegensatz.

Am Abend unterhielten wir uns noch lange über die gewonnenen Impressionen. Immer wieder musste Mike dabei an das kleine Mädchen denken, während ich weiter mein Tagebuch führte.

31. Zweiter Tag in Mumbai

Pünktlich um elf Uhr fanden wir uns in der Lobby des Hotels ein, wo bereits Tarun auf uns wartete. Tarun war ein ortskundiger Hotelangestellter, der organisierte Mumbai-Touren anbot. Er schlug uns zunächst vor, da wir keine Vorgaben machten, hauptsächlich den südlichen Teil Mumbais zu erkunden. Natürlich waren wir sofort damit einverstanden, war er es doch, der sich in Mumbai auskannte. So führte uns unser Weg erst einmal kreuz und quer durch Mumbais Verkehrschaos. Die Eindrücke des ersten Tages wiederholten sich dabei fast eins zu eins.

Völlig im Gegensatz zum Fahrer des Vortages zeigte sich Tarun überaus gesprächig und wissbegierig. Wie jeder hatte natürlich auch Tarun seine eigene Lebensgeschichte. So erfuhren wir, dass er mehrere Jahre in Dubai gearbeitet hatte, da der Verdienst dort um ein Vielfaches höher ausfiel als in Indien. Eine lange und schwere Krankheit seiner Mutter zwang ihn allerdings zurück nach Indien, wodurch sein Tagesablauf von der Pflege seiner Mutter und Geldverdienen geprägt war. Sein Vater starb vor mehreren Jahren; Geschwister, die seine Mutter ebenfalls unterstützen könnten, gab es nicht. Trotz dieser traurigen Umstände blieb Tarun ein lebensfroher und supersympathischer Mensch.

Während unserer Gespräche überquerten wir eine große und sehr lange Brücke, die Rajiv Gandhi Sea Link, die Mumbai verbindet mit dem südlichen Teil von Mumbai, für den eigene Regeln gelten. Neben dem Fakt, dass in diesem Teil Mumbais keine Tuk-Tuks fahren dürfen, hätte der krasse Gegensatz zwischen Arm und Reich nicht extremer ausfallen können. Die Skyline, auf die wir zufuhren, erinnerte an die typischen Bilder von New York. Hohe, neue Gebäude prägten das saubere Bild dieses Stadtteils. Imposante Gebäude der

Kolonialzeit säumten die vergleichsweise ruhigen und menschenleeren Straßenzüge.

Unvermittelt stoppte Tarun am Straßenrand einer kleineren Brücke und bat uns auszusteigen. Ohne das Brückental zu sehen, erhoben sich nicht allzu weit im Hintergrund massive Hochhäuser und Baustellen. Wir begaben uns zu einer kleineren Empore und konnten nun das Brückental erfassen. Unzählige Slumhütten, betonierte große Waschbecken und Unmengen von Textilien beherrschten die Fläche. Was wir da sahen, war das berühmt berüchtigte Dhobi Ghat. Für wenige Cent reinigen hier die Bewohner Textilien, die danach für ein Vielfaches in den Konsumgesellschaften der Welt verkauft werden. Der ständige Kontakt mit den ätzenden Chemikalien führt nicht selten zu Verletzungen und schwersten Erkrankungen.

Abb. 28 Dhobi Ghat – Waschslum

Tarun deutete auf ein entferntes, kleineres Hochhaus. »Antilia, das vermutlich teuerste Einfamilienhaus der Welt.« Dem Eigentümer, Mukesh Ambani, dem reichsten Inder, stehen siebenundzwanzig

Stockwerke, siebenunddreißigtausend Quadratmeter Wohnfläche sowie drei eigene Hubschrauberlandeplätze zur Verfügung. Bemerkenswert ist allerdings, dass er nie in das Haus eingezogen ist. Vor uns Dhobi Ghat und in Sichtweite Antilia, welch ein Unterschied!

Wir verharrten noch einige Zeit und versuchten den Widerspruch einzuordnen, bevor es weiter durch Süd-Mumbai ging. Direkt vorbei am Antilia fuhr Tarun weiter zum Mahatma-Gandhi-Museum, das wir ebenfalls besichtigten, und anschließend weiter zu den Hanging Garden Malabar Hill.

Nach einem entspannten Aufenthalt in den Hanging Garden besuchten wir den Babu Amichand Panalal Adishwarji Jain Temple. Tarun erwies sich auch hier als überaus kundiger Guide und erklärte uns die Geschichte, den Glauben und die Besonderheiten des Tempels. Noch bevor wir das Innere des Tempels betreten konnten, wurde Tarun durch einen Priester darauf hingewiesen, dass Mike nicht eintreten dürfe, er sei kein Hindu. Mike lächelte Tarun an, als ob er verstanden habe, was der Priester wollte und setzte sich zu einer Gruppe chinesischer Touristen vor den Tempel auf eine Bank. Da ich ja nun auch alles andere als dem hinduistischen Glauben angehörte, zögerte ich, den Tempel zu betreten.

Breit grinsend schaute mich Tarun an und erklärte mir, dass er Moslem sei. So kam es, dass es uns unsere optische Herkunft ermöglichte, trotz unterschiedlichster Glaubensrichtungen, den Tempel zu betreten und ausgiebig zu besichtigen. Für mich völlig fremd, erlaubte mir dieser Besuch, einem hinduistischen Puja – eine Art Gottesdienst – beizuwohnen. Ohne genau zu verstehen, was dabei geschah, lernte ich dennoch einen weiteren Teil der indischen Kultur kennen. Für mich eine wertvolle Erfahrung.

Tarun, der uns an diesem Tag möglichst viel von Mumbai zeigen wollte, fuhr uns im Anschluss an den Tempelbesuch zum Taj Mahal

Palace. Auf den ersten Blick unterschied sich dieses Hotel, das in unmittelbarer Nähe zum Gateway of India liegt, nicht wesentlich von anderen Luxushotels dieser Welt. Allerdings handelt es sich bei diesem Hotel um den Schauplatz der Terroranschläge in Mumbai vom 26. November 2008, bei dem es nach offiziellen Angaben einhundertvierundsiebzig Tote und mindestens zweihundertneununddreißig Verletzte gab. Das Hotel wurde während dieser Angriffe ebenfalls erheblich beschädigt und konnte erst am 15. August 2010 wiedereröffnet werden. Dieser Anschlag hat offensichtlich dazu geführt, dass es rund um das Hotel und dem naheliegenden Gateway of India nur so vor Sicherheitspersonal, Militär und Polizei wimmelt. Trotz aller Sicherheitsmaßnahmen konnten wir das Hotelinnere besichtigen. Nach einem ausgiebigen Sicherheitscheck, bei dem unser Rucksack geröntgt und unsere Pässe überprüft wurden, betraten wir zusammen mit Tarun die Lobby. Mehrere lange Gänge führten links und rechts in das Innere des Hotels, die in ihrer Aufmachung europäischen Geschäftsstraßen glichen. Jede Luxusmarke schien hier mit einem eigenen Store vertreten zu sein. Die Wände waren mit Porträts prominenter Gäste aus Politik, aber auch aus dem Film- und Showbusiness dekoriert.

So schlenderten wir unbedacht die Gänge entlang und ließen uns mehr als nur einmal von den luxuriösen Auslagen in Staunen versetzen. Für mich das optische Highlight des Hotels war jedoch der Garten im Innenhof. Ein prächtiger Pool, eingebettet in opulente Grünanlagen mit farbenprächtigen Blumen, zog mich in seinen Bann.

»You can go, I have to stay here«, hörte ich Tarun leise sagen. Wie jetzt? Tarun deutete auf ein Schild am Durchgang in den Innenhof, das nur Hotelgästen und Besuchern den Zugang gestattete. Offensichtlich zählte Tarun nicht zu den Berechtigten. Mike und ich schauten uns irritiert an.

»Geh ruhig. Wenn Tarun nicht darf, bleibe ich auch hier«, sagte Mike etwas verärgert über diese Ausgrenzung. Wenn er etwas überhaupt nicht leiden konnte, war es Ungerechtigkeit. Ich schoss schnell einige Fotos eines sehr farbenfrohen Blumenarrangements am Beginn des Durchgangs und verzichtete auf einen weiteren Gang in den Garten, um anschließend das Hotel ganz zu verlassen.

Mittlerweile war es bereits später Nachmittag und wir verweilten noch einige Momente an der Piermauer gegenüber des Hotels, bevor wir wieder in Richtung unseres Hotels aufbrachen.

An diesem Abend bemerkte ich zum ersten Mal während unseres Indienaufenthaltes eine gewisse Unruhe in mir. Morgen würde ich endlich meine Familie treffen. Mike und ich aßen zusammen im Hotelrestaurant, doch ich hatte kaum Appetit. Zu sehr war ich damit beschäftigt, mir vorzustellen, was mich erwartete.

Zu Beginn unserer Reise hatte ich mit Sunil vereinbart, dass er uns am Flughafen in Raipur abholen und uns auf unserer Zugfahrt nach Raigarh begleiten sollte. Jetzt stand ebenfalls fest, dass Arjun, mein ältester Bruder, ihn begleiten würde. So erlebnisreich und interessant die vorherigen Tage in Mumbai auch waren, jetzt kam der schwere Teil meiner Reise.

32. Reise nach Raigarh

Nachdem ich in dieser Nacht nicht viel schlafen hatte, begann der Tag für uns bereits um drei Uhr in der Früh. Völlig nervös packte ich meinen Koffer, schaute gefühlt einhundert Mal in alle Schubladen und Schränke, um auch ja nichts zu vergessen. Mike beobachtete mich mit einem Lächeln und sagte dabei wie oft »Alles wird gut«. Ich war so froh, dass er mich begleitete.

In der Lobby checkten wir innerhalb weniger Minuten aus und wurden anschließend von einem Hotelangestellten zum Domestic Airport gefahren. Dieser Airport hatte aber auch überhaupt nichts mit dem Prachtbau des International Airports gemeinsam. Der Check-in war erneut durch zahlreiche Sicherheitskontrollen geprägt. Überall beobachteten bewaffnete Polizisten und Soldaten das Geschehen. In einem völlig überfüllten Bus wurden wir letztlich circa zehn Minuten kreuz und quer über das Flughafengelände transportiert, bis wir schließlich das Flugzeug erreichten. Jet Airways prangte in großen blauen Buchstaben an der Außenhülle der Maschine. Was die äußere Hülle versprach, konnte das Innere nicht halten. Schmuddelige Sitze, die gefühlt etwas locker schienen und auf jeden Fall viel zu eng platziert worden waren, gaben kein vertrauenerweckendes Bild ab. Ich muss zugeben, dass ich diese Umstände zunächst gar nicht bemerkte, doch Mikes Blicke sprachen Bände.

Pünktlich um 6:20 Uhr startete der Flug und es ging endlich wirklich los nach Raigarh in den Bundesstaat Chhattisgarh. Nachdem es im Jahr 2012 zu einer Entführung von Touristen durch eine militant sozialrevolutionäre maoistische Bewegung gekommen war, warnt das Auswärtige Amt bis heute vor Reisen in dieses Gebiet. Im Vorfeld hatte sich Mike viele Gedanken dazu gemacht und ich erkannte eine gewisse und verständliche Anspannung bei ihm. Das hätte er aber nie vor mir zugegeben.

Unspektakulär landeten wir ohne Verspätung um halb neun in Raipur, auf dem Swami Vivekananda Airport. Der Flughafen selbst bestand lediglich aus einem Gebäude, das sehr modern, aber auch sehr klein für einen Flughafen schien. Vom Verlassen der Maschine bis zum Empfang der Koffer vergingen lediglich dreißig Minuten.

Jetzt erblickte ich vor dem Gebäude Sunil. Er hatte sich seit meinem letzten Aufenthalt in Indien überhaupt nicht verändert. So schnell wie ich konnte, verließ ich das Flughafengebäude und schloss Sunil fest in meine Arme. Sunil freute sich ebenfalls, deutete aber sehr schnell auf eine männliche Person hinter ihm.

»This is your brother Arjun«. Arjun war kaum größer als ich und äußerlich betrachtet Mitte vierzig Jahre alt. Er wirkte überaus zurückhaltend und hielt mir zur Begrüßung schüchtern seine Hand entgegen. In seinen Augen erkannte ich Tränen, die ich zunächst als Freudentränen deutete. Ohne zu zögern, schloss ich Arjun ebenfalls in meine Arme, erstaunlich gefasst und stark hatte ich mich emotional im Griff. Arjun sagte immer wieder auf Hindi dieselben Worte, wobei er am ganzen Körper zitterte.

Ich schaute Sunil an, der Arjuns Worte mit »Guilty! He feels guilty« übersetzte. Ich schloss Arjun noch fester in meine Arme und bat Sunil ihm zu erklären, dass er nicht schuldig sei.

Sunil schlug vor, uns auf den Rasen, einer vor dem Airport angelegten Parkanlage, in die Sonne zu setzen. Es waren an diesem Morgen siebzehn Grad und damit für indische Verhältnisse tiefster Winter. Sunil schien im Gegensatz zu Arjun für diese Jahreszeit passend gekleidet. Ich holte aus meinem Koffer meine Fleecejacke und zog sie Arjun über die Schultern. Ohne dass ich es direkt mitbekam, machten sich Sunil und Mike bekannt.

Jetzt sprudelte es nur so aus mir heraus. Ich hatte Fragen, Fragen und noch mal Fragen. Sunil gab sich wahrlich Mühe, zwischen Arjun und mir zu übersetzen. Zunächst schilderte Sunil von ihrer vorherigen Reise. Bereits am frühen Morgen fuhren sie vier Stunden mit dem Zug nach Raipur, ohne zuvor etwas gefrühstückt zu haben. Im Bahnhof angekommen war es beiden überaus wichtig, sich vor dem Zusammentreffen von der Zugfahrt frisch zu machen. Seither trugen beide nasse Handtücher in einem kleinen Stoffbeutel mit sich. Ich fragte, ob sie denn wenigstens etwas zu trinken bei sich gehabt hätten, was Sunil verneinte. Aus dem Flugzeug hatten Mike und ich noch zwei kleine ungeöffnete Flaschen Wasser, die wir beiden gaben.

Jetzt schilderte Arjun, dass er sich schuldig dafür fühlte, dass wir als kleine Babys ins Kinderheim gebracht wurden. Er erinnerte sich daran, dass es für die ganze Familie eine sehr schwere Zeit war. Geld, Essen und Kleidung, alles war knapp und reichte nicht fürs Überleben. Wie jeden Tag versuchte Arjun zu arbeiten, um Geld zu verdienen. Auch an jenem Tag, an dem Gulmat uns ins Kinderheim brachte. Arjun hatte faktisch die Rolle des Familienoberhauptes übernommen, da unser Vater oft tagelang einfach von zu Hause fernblieb, um zu trinken und das wenige Geld zu verspielen. Als Arjun spät abends nach Hause kam, offenbarte unsere Mutter ihm, dass sie uns zusammen mit unserer jüngsten Schwester Sheetal und ihrer besten Freundin und Nachbarin Sonkunwer ins Kinderheim nach Raigarh gebracht hatte. Arjun zeigte sich bei dieser Schilderung sichtlich bedrückt und versicherte immer wieder, dass er es verhindert hätte. Nein, ich machte Arjun wirklich keine Vorwürfe. Wie konnte ich auch?

Wir verbrachten so noch einige Zeit in der Parkanlage, bevor wir den nächsten Reiseabschnitt begannen.

Abb. 29 Mike – Sunil – Arjun

Mit einem Pendelbus fuhren wir zunächst in das Stadtzentrum von Raipur. Raipur ist die Hauptstadt des Bundesstaates Chhattisgarh und mit seinen mehr als einer Millionen Einwohner auch nur etwas kleiner als München. Von der Endhaltestelle aus sollte die Fahrt zum Bahnhof weiter mit einem Tuk-Tuk erfolgen.

Einfach zu witzig, Mikes Miene zu sehen, in dem ich seine offensichtliche Frage erkannte. »Ja, da passen wir alle mit Gepäck rein.« Zusammen mit dem Fahrer saßen insgesamt fünf Personen und zwei große Koffer in dem klapprigen Gefährt und Mike schien widererwartend richtig Spaß an der Fahrt zu haben.

Ungefähr auf halber Strecke zum Ziel hielt das Tuk-Tuk am Straßenrand vor einem typischen indischen mobilen Verkaufsstand. »Breakfast«, erklärte Sunil uns, bevor er und Arjun ausstiegen.

A1Pohapoint stand in großen roten Buchstaben am Dach des Standes. Den Hintergrund dominierte ein baufälliges Gebäude sowie ein beachtlicher Berg Müll und Unrat. Zwei rote Plastikstühle sollten den beiden als Sitzgelegenheit während des Essens dienen. Uns schien dieser Stand nicht wirklich geheuer, weshalb wir im Tuk-Tuk warteten. Es dauerte nicht lang und die Fahrt ging weiter zum Bahnhof, jedoch nur, um Fahrkarten zu besorgen.

Abb. 30 Arjun und Sunil beim Frühstück

Bis zur Abfahrt des Zuges um 14:30 Uhr blieben noch circa drei Stunden Zeit. Sunil schlug vor, dass wir die Zeit mit einem Besuch des Energy Park Raipur verbringen könnten. Natürlich stimmten wir zu, da wir ja auch so viel wie möglich von meiner indischen Heimat sehen wollten. Ehrlich gesagt war der Park nicht wirklich interessant. Jedoch konnten wir so in einer idyllischen Umgebung völlig entspannt verweilen und uns unterhalten.

Mike und ich zeigten Fotos von unseren Familien, wie wir in Deutschland lebten, von unseren Berufen und Freunden. Arjun war sehr interessiert und stellte immer wieder Fragen, die Sunil geduldig übersetzte. Bevor wir unsere Reise nach Indien antraten, hatte Tille noch ein Buch mit ganz vielen Fotos von uns und unserer Familie in Deutschland erstellt. Das sollte ich Gulmat als Geschenk mitbringen und ich überlegte, ob ich es nicht doch Arjun vorher zeigen sollte. Noch bevor ich mich entschieden hatte, hielt ich das Buch in der Hand und gab es Arjun. Arjun und Sunil schauten es sich lange und genau an und ich erkannte wieder Tränen in Arjuns Augen. Dieses Mal war es Mike, der Arjun tröstend in den Arm nahm. Die beiden schienen sich bereits gut zu verstehen.

Kurz vor zwei Uhr erwartete uns der Tuk-Tuk-Fahrer wieder am Eingang des Parks und fuhr uns zum Bahnhof, wo pünktlich um 14:15 Uhr unser Zug eintraf: ein sogenannter Übernachtzug, dessen Länge schier unfassbar war. Bekannte Bilder aus dem Fernsehen von voll besetzten indischen Zügen wurden ebenso bestätigt wie der Zustand dieser Züge. Fenster im herkömmlichen Sinn gab es nicht, lediglich längliche Gucköffnungen, unterbrochen von Metallstangen.

Sunil hatte gefühlt alles unter Kontrolle und fand rasch den Waggon zu unserm Abteil. Der Weg im Inneren gestaltete sich vor allem für Mike wegen seiner Größe schwierig. Die Gänge waren so schmal und eng und überall saßen und lagen Menschen mit ihren Kleinkindern, Gepäck und Tieren. Bis zu unserem Platz staksten wir mit aller Vorsicht durch die Hindernisse, bückten uns unter Beinen, die in die Gänge von Liegen hineinragten, hindurch und gaben uns

Mühe, niemanden zu stören. Kein leichtes Unterfangen mit den schweren Koffern in der Hand. Endlich erreichten wir die Sitze und konnten auf die Abfahrt des Zuges warten. Im Hintergrund hörte ich Sunil, wie er mit einem anderen Fahrgast auf Hindi sprach. Da er dabei immer wieder auf die Fahrkarte deutete, merkte ich, dass etwas nicht stimmen konnte. So kam es dann auch. Sunil erklärte kurz und knapp, dass wir im falschen Abteil seien. Also hieß es wieder retour durch den Wagon und raus aus dem Zug. Auf dem Bahnsteig angekommen, sprach Sunil kurz mit einem Schaffner, der auf das Ende des Zuges deutete. Jetzt hieß es, schnell zu werden, denn vor uns lagen Waggons in einer Länge von knapp achthundert Metern und die Abfahrt stand kurz bevor. Wie sollte es auch anders sein: Der Zug fuhr kurz vor Erreichen des genannten Waggons langsam an. Sunil und Arjun sprangen gekonnt auf einen Waggon auf, und wir reichten ihnen die Koffer. Puh, das war knapp. Die restlichen Meter legten wir im Zug zurück, wobei die Gänge natürlich wieder völlig überfüllt waren.

Endlich erreichten wir das Abteil, wenigstens fast. Erneut erkundigte sich Sunil bei einem Schaffner, der jetzt wiederum auf das Abteil vom Anfang verwies. Okay, der Zug fuhr und sollte erst wieder in knapp einer Stunde am nächsten Bahnhof halten. Sunil lächelte, sagte wie oft »no problem« und lief voran in Richtung unseres anfänglichen Abteils. Wer Indien einmal hautnah erleben möchte, dem sei so eine knapp achthundert Meter lange Zugdurchquerung ans Herz gelegt. Wir kämpften uns mitsamt der unhandlichen Koffer Meter um Meter wieder zurück zum Ausgangspunkt. Immer darauf bedacht, niemanden zu stören, zu behindern oder gar aus Versehen mit den Koffern zu verletztzten. Nicht einfach in einem völlig überfüllten Zug. Ungestört blieben die Fahrgäste mitsamt ihrem Gepäck und Tieren im Gang sitzen, stehen oder liegen. Vereinzelt trafen uns bei unserer unbeholfenen Hindernisdurchquerung unverständliche Blicke. Immer, wenn wir dachten, schwieriger kann es nicht werden, erblickten wir neue Herausforderungen.

Wie anfangs erwähnt, handelte es sich bei dem Zug um einen Übernachtzug, weshalb in der Mitte des Zuges zwei Waggons mit Garküchen eingereiht waren. Garküche ist ein richtiger Ausdruck für das, was wir bei der Durchquerung fühlten. Hohe Hitze, ungeheure Luftfeuchtigkeit, dampfende Kessel und intensiv schwitzende Köche mit blanken Oberkörpern prägten die kommenden Meter. Immer wieder zwängten sich Schaffner mit ihren kleinen Bauchläden, gefüllt mit warmen Speisen sowie verschiedenen Getränken an uns vorbei. Nach einer gefühlten Ewigkeit und der Durchquerung von einigen Toilettenwagen, die ihr Kommen meterweit durch üblen Geruch ankündigten, erreichten wir letztlich doch noch unser Abteil.

Völlig erschöpft, durchgeschwitzt sowie um viele Eindrücke reicher fielen Mike und ich auf die Sitzbank. Zeit zum Durchschnaufen. Ich hörte Mike zwar oft hinter mir etwas in seinen nicht vorhandenen Bart murmeln, doch er sagte nie ein genervtes Wort mir gegenüber. Immer wieder lächelte er mich an und bestätigte mich in meinem Unterfangen. Arjun und Sunil kamen sofort mit den anderen Fahrgästen ins Gespräch. Das drehte sich natürlich um die beiden unbeholfenen Europäer mit ihren unhandlichen Koffern. Sunil beantwortete eine Frage nach der anderen, wobei sich die Miene der Mitreisenden erheblich aufhellte, nachdem Sunil die Frage nach unserer Nationalität mit »german« beantwortet und »english« verneinte. Dieses Gefühl, dass Engländer in Indien nicht willkommen sind, wirklich nur ein Empfinden, drängte sich in den kommenden Tagen immer wieder auf. Es entwickelte sich im Laufe der verbleibenden Zugfahrt eine interessante Kommunikation mit den weiteren

Fahrgästen, die mich mehr und mehr von Indien verstehen ließ. Sunil gab sich Mühe, die Gespräche so weit wie machbar für Arjun in Hindi zu übersetzen.

Im Laufe dieser Gespräche fragte Mike Sunil, warum einer der Fahrgäste immer wieder weiter nach vorne im Zug verschwand, um dann kurze Zeit später zurückzukehren. Sunil grinste, wartete bis der betreffende Fahrgast wieder auf seinem Platz saß und fragte den dann in Hindi etwas. Jetzt lachten beide und Sunil erklärte uns, dass der Fahrgast nur eine Fahrkarte bis zur vorletzten Haltestelle gekauft habe. Er müsse sich daher, wenn der Schaffner in Sichtweite kam, kurz auf der Toilette verstecken. Mike schmunzelte. »Genau wie bei uns.«.

Unaufhaltsam setzte der Zug seinen Weg langsam weiter in Richtung Raigarh fort. Wir schauten viel aus dem Fenster und beobachten voller Entdeckerfreude die vorbeiziehende Vegetation sowie die Menschen auf den Feldern. Sunil schlug vor, dass wir uns an die Eingangstür des Waggons stellen könnten, da dort die Aussicht besser sei. Die Türen der Waggons blieben die komplette Fahrt durchgehend geöffnet, was offenbar der effektiveren Luftzirkulation sowie des einfacheren Ein- und Ausstiegs dienen sollte.

Im Eingangsbereich der Türen hielten sich einige Polizisten an Haltegriffen fest, lehnten aus dem Zug und beobachteten das Geschehen im Umland. Nicht aus Sicherheitsgründen wie es schien, sondern eher aus Langeweile. Nachdem die Polizisten uns bemerkten, musste Sunil erneut einige Fragen beantworten, was zur Folge hatte, dass die Polizisten überaus interessiert in ein Gespräch mit uns einstiegen.

Um Mike einen besseren Rundblick zu ermöglichen, räumten zwei Polizisten ihre Position am Eingangsbereich, worauf Mike sich sofort ebenfalls aus dem Zug lehnte. Mir schien das alles nicht geheuer, weshalb ich mich doch eher im Gangbereich aufhielt. Trotzdem hatte auch ich einen unbeeinträchtigten Ausblick auf das Hinterland.

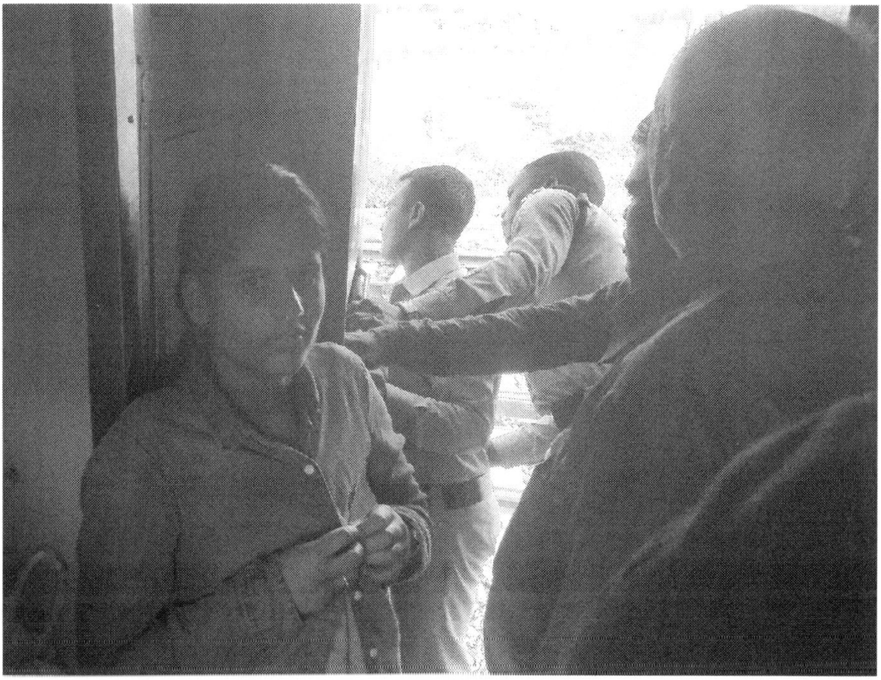

Abb. 31 Polizisten an geöffneten Zugtüren

Felder, Flüsse, kleine Hütten, Feuerstellen, Tiere, Kinder und vor allem Frauen in bunten Saris mit Körben auf dem Kopf zogen an uns vorbei. Ich fühlte mich unweigerlich an Filmszenen wie aus dem ›Dschungelbuch‹ und Bollywood erinnert, bevor ich durch den Anblick sich direkt an den Bahngleisen erleichternder Männer wieder in die Wirklichkeit zurückgezogen wurde. Dieser Wechsel von romantischen Fantasien und der realen Lebensweise überraschte mich immer wieder. Natürlich ist mir bewusst, dass die farbenfrohen Filmszenen überhaupt nicht mit der Realität übereinstimmen, doch diese fremde Welt verstand es wiederholt, mich mit ihrer Schönheit in ihren Bann zu ziehen und die Realität auszublenden.

Wir verweilten noch einige Zeit, bevor wir ins Abteil zurückkehrten. Langsam wurde es dunkel und die Fahrt ging für uns dem Ende entgegen. In der Ferne zeichneten sich schemenhaft Feuerstellen und imposante Industrieanlagen ab.

»Welcome to Dust City«, rief Sunil. Auch ich glaubte, einige Dinge an der Skyline von Raigarh wiederzuerkennen. Nein, reizvoll mutete dieser Anblick nicht an. Die einbrechende Dunkelheit verstärkte diesen Eindruck zunehmend. Bis zur endgültigen Ankunft um sechs Uhr war es bereits vollends dunkel.

Bevor wir den Zug verließen, wickelte sich Arjun ein dünnes Tuch um seinen Kopf, was Sunil mit den Worten kommentierte »It's cold. It's winter in India«. Ich holte meine Strickmütze aus dem Rucksack und setzte sie Arjun anstelle des Tuches auf den Kopf. Ohne ein weiteres Wort nahm ich Arjun in den Arm. Völlig erschöpft sehnte ich mich jetzt nur noch nach unserem Hotel, einer Dusche und Schlaf. Ein weiterer anstrengender, hoch emotionaler Tag lag vor mir: Treffen mit meiner Mutter und auch der restlichen Familie.

33. Gulmat

Entgegen unserer Planung, das erste Treffen mit meiner Familie im Beisein von Pater Theo stattfinden zu lassen, erklärte Sunil noch auf dem Bahnsteig, dass Gulmat uns bereits am heutigen Abend erwartete. Jeglicher Versuch scheiterte, an meiner Vorplanung festzuhalten. Sunil und Arjun erklärten uns recht eindeutig, dass es Gulmats Wunsch als Familienoberhaupt sei, wodurch sich jeder Widerspruch verbäte.

Auf dem Weg zur Tuk-Tuk-Haltestelle hielt Arjun fest meine Hand. Er traf immer mehr Bekannte, denen er freudig etwas in Hindi zurief. Ich glaubte vermehrt das Wort ›Sister‹ zu verstehen, während er immer wieder mit seiner freien Hand auf mich deutete. Arjun, der die gesamte Zeit über zurückhaltend schien, lebte plötzlich auf. Mike lief mit Sunil einige Schritte hinter uns, wodurch mich dieser Moment, eingerahmt von vielen Menschen in einer mir völlig unvertrauten Umgebung, leicht verängstigte. Ich fühlte mich aufgrund der Enge sowie der Lautstärke an die Vorkommnisse an der Grundschule in Raigarh bei meinem ersten Indienaufenthalt erinnert.

Erschwerend kam hinzu, dass mich die Planungsänderung überaus verunsicherte. Bisher hatte ich den Ablauf in der Hand und konnte mich auf alles vorbereiten. Ich blieb in der Menge stehen, um auf Mike zu warten, der mir wie oft den nötigen Rückhalt und die Sicherheit gab. Fest klammerte ich mich an seine Hand, bis wir letztlich den Bahnhof verließen. Gewohnt eng nahmen wir in einem Tuk-Tuk-Platz, um circa fünf Minuten durch die engen Straßen und Gassen von Raigarh zu fahren. Gebannt versuchte ich, Örtlichkeiten meines ersten Besuchs wiederzuerkennen, was mir nicht gelang.

Schließlich hielten wir in einer kleinen Nebenstraße vor einem schmalen, unbeleuchteten Grundstückseingang. Sunil drängte uns, das Tuk-Tuk zu verlassen. In der dunklen Gasse erahnte ich eine Person, die sich schnell näherte. Bevor ich mich versah, nahm mich eine kleine zierliche Frau weinend in den Arm. Sunil erklärte überglücklich »your sister Sheetal!« Jetzt konnte auch ich nicht mehr an mich halten und fing an zu weinen. Alle Anspannungen der letzten Tage, nein, der letzten Jahre fielen von mir ab.

»Sheetal«, sagte ich mit zittriger Stimme. Ich küsste sie immer wieder auf die Stirn und Wangen. Sie wirkte so klein, zerbrechlich und sah doch so schön in ihrem gelben Sari aus. Ich hätte Sheetal noch Stunden im Arm halten können.

Abermals war es Sunil, der mich auf eine weitere Person aufmerksam machte. »Ravi«, stellte er mir meinen jüngsten Bruder vor. Schüchtern und überaus zurückhaltend hielt mir Ravi seine rechte Hand zur Begrüßung entgegen. Völlig verunsichert schüttelte ich Ravis Hand, anstatt ihn ebenfalls in den Arm zu nehmen, bevor er meinen Koffer nahm und auf das Grundstück entschwand.

Sheetal, Sunil und Arjun führten uns den Gang entlang über einen kleinen, nur mit einer Glühbirne spärlich beleuchteten Platz weiter in eine kleine Hütte.

»House of Arjun«, erklärte Sunil. Die Hütte, mit blauer Farbe gestrichen, hatte eine Größe von circa acht Quadratmetern und bestand lediglich aus einem Raum. Mehrere Frauen und Kinder saßen auf zwei breiten Holzpritschen und schienen unser Kommen bereits gespannt zu erwarten.

Jetzt war es Arjun, der uns alle der Reihe nach vorstellte. »Lakshmikanth, Shahil, Chandrakantha, Kunal, Tara and Thik-Bai and child Laksh«, prasselten die Namen auf uns ein. Herzlich, aber noch distanziert begrüßten uns alle der Reihe nach, während Arjun auf Hindi von unserer Reise berichtete. Ich öffnete meinen Koffer, um eine Tüte Haribo hervorzuholen. Ich wusste von Pater Theo, dass ich auf diese Weise das Herz der Kleinen gewinnen konnte. Natürlich, warum sollte es auch anders als in der restlichen Welt sein? Große braune Augen strahlten mich aus den Gesichtern der drei Kinder an, bevor sie mit der Tüte wieder in den hinteren Teil der Hütte entschwanden. Fragen über Fragen überschütteten Arjun wie auch Sunil, die erkennbar bemüht schienen, alles zu beantworten.

In dem überschwänglichen Hallo vermisste ich eine Frau: Gulmat.

Wo war meine Mutter? Ich schaute zum Eingang und erkannte Sheetal, die mit einer älteren Frau, die ihren Kopf mit einem Teil ihres Saris verhüllt hatte, die Hütte betrat. Neben ihrer Größe konnte ich zunächst nur spärlich ihr Gesicht erkennen.

»Gulmat«, erklärte Sheetal, bevor Gulmat die Kopfbedeckung abnahm, um mich anschließend, verlegen weinend, in den Arm zu nehmen. Mike berichtete mir später, dass er Gulmats Auftreten in der Hütte überaus beeindruckend empfand. Für ihn schien Gulmat vom ersten Augenblick an eine Person mit einer erstaunlich starken Ausstrahlung und einem, bei der Familie, hohem Ansehen zu sein. Die ganze undurchdringliche Unterhaltung verstummte bei ihrem Eintreffen. Während unserer Umarmung sprach niemand ein Wort. Sie schaute mich immerwährend an und streichelte mir mit ihrer Hand über das Gesicht und die Haare. Unvermittelt hob mich Gulmat mit den Worten »Baby« in die Luft und die belastende Stille löste sich in einem fröhlichen Lachen auf.

Gulmat richtete auf Hindi das Wort an Sunil, der uns bat, uns auf eine Pritsche zu setzen. Sheetal, die unbemerkt den Raum verlassen haben musste, kehrte mit einem Blechteller und einer Kanne gefüllt mit Milch zurück. Sunil erläuterte, dass Gulmat uns zu Ehren einen indischen Brauch vollziehen wollte. Hierzu mussten wir unsere Schuhe und Socken, die wir ununterbrochen achtzehn Stunden getragen hatten, ausziehen. Bevor ich mich versah, kniete Gulmat vor mir und zog mir beides aus. Auch Mike wurde, da er sich ein wenig zierte, freundlich aufgefordert, es mir gleichzutun. Langsam übergoss Gulmat mit der Milch, die sie auf dem Teller wieder auffing, unsere Füße und wusch sie. Dabei sprach sie einige Sätze auf Hindi, bevor sie von der aufgefangenen Milch trank und eine kleine Menge der Milch in ihre Haare strich.

Abb. 32 Sheetal – Chandrakantha – ich – Gulmat - eine Cousine mit ihrem Sohn

»Now you are welcome to the family«, erläuterte Sunil die Zeremonie. So befremdlich diese Zeremonie auf mich wirkte, so sehr war mir ihre Bedeutung und Wichtigkeit in diesem Moment bewusst. Gulmat nahm mich immer wieder in den Arm und bat Sunil, uns zu fragen, ob wir nicht die Nacht über bei ihnen bleiben könnten. Sunil lehnte diesen Wunsch freundlich ab, wohlwissend, dass wir das nicht wollten. Er war es auch in diesem Moment, der Gulmat und den anderen erklärte, dass es an der Zeit sei, uns zum Hotel zu bringen. Zu deutlich sah uns Sunil unsere Erschöpfung an. Beruhigend und überaus verständnisvoll verwies er auf das am nächsten Tag geplante Treffen, während wir das Grundstück verließen.

Laut ratterte der Motor des Tuk-Tuks durch die anbrechende Nacht auf unserer Fahrt zum Hotel. »Tomorrow is Republic Day«, erklärte Sunil, bevor er uns einlud, an den örtlichen Feierlichkeiten teilzunehmen, bei dem seine Schüler mit Tausenden anderen Schülern einen Tanz vorführen wollten. Monatelang hatten sie für diesen Tag geübt, Kostüme genäht, um im Anschluss mit ein wenig Glück eventuell zu den Gewinnern in diesem Wettbewerb gewählt zu werden. Natürlich diente dieser Nationalfeiertag nicht nur dem fröhlichen Miteinander, sondern gedachte in erster Linie des Inkrafttretens der Verfassung des Staates Indien, am 26. Januar 1950. In ganz Indien finden an diesem Feiertag Militärparaden statt, wobei die größte in Delhi gezeigt wird. Wir verabredeten uns schließlich für den nächsten Morgen um neun Uhr, um Sunil im Anschluss zum Festgelände zu begleiten.

Noch bevor wir das Hotel erreichten, sagte mir Mike, dass er sich unendlich auf eine Dusche und ein kaltes Bier freue. Dusche, Bier dazu etwas zu essen, das war in diesem Moment auch nur noch das, was ich wollte. Kurze Zeit später stoppte unser Gefährt vor einem nicht in den Straßenzug passen wollenden prunkvollem Gebäude. Die Zufahrt, durch Wachpersonal gesichert, zog sich leicht gebogen zum Haupteingang hin. An der Fassade rann ein breiter Wasserfall, über dem mit goldenen Buchstaben der Name ›Trinity Grand‹ prangte. Sunil half uns noch, die Koffer zum Eingang zu tragen, bevor auch er sich verabschiedete. Da standen wir nun in Dust City vor einem Hotel in nicht vermuteter Pracht. Die Lobby, hauptsächlich in Gold und Marmor gehalten, wirkte fast erschlagend auf uns.

Hinter dem Empfang begrüßte uns ein Herr mittleren Alters mit den Worten »Hello, welcome. You are booking dot com?«

Abb. 33 Lobby im Hotel Trinity Grand

Wir lachten angesichts der Vermutung, dass augenscheinlich nicht allzu oft Gäste aus Deutschland per booking.com in diesem Hotel eine Reservierung vornahmen. Im Zuge der erforderlichen Formalitäten entwickelte sich ein freundliches und interessiertes Gespräch. Der Concierge zeigte sich berührt angesichts unserer kurzen Darstellung des Besuchsgrundes in Raigarh und bot uns sofort seine Unterstützung an. Bei der Frage nach etwas Essbarem verwies er auf das im ersten Stock ansässige Restaurant, machte aber auch zugleich unserer Hoffnung auf ein Bier einen Dämpfer. Alkoholische Getränke gab es nicht, was in dem Umstand begründet lag, dass dieses Hotel über keine Bar verfügte – was sich in den folgenden Monaten änderte.

Ein traumhaft schönes Zimmer mit zwei große Betten mit goldenen Überwürfen wartete auf uns. Völlig erschöpft platzierten wir die Koffer auf einem Koffergestell. Trotz der Versuchung, einfach nur ins Bett zu fallen, machten wir uns frisch von der Reise. Der Hunger siegte, sodass wir uns keine zwanzig Minuten später zum Restaurant begaben. Auch hier überwog die prunkvolle Ausstattung. Immens hohe Decken, goldene Trennwände und schwere Esstische mit Lederstühlen beherrschten die Einrichtung. Freundlich wurden wir von einer Mitarbeiterin zu einem Tisch geleitet, bevor sich im Anschluss drei Servicekräfte um unser Wohl kümmerten. Unter der Vielzahl an Speisen konnten wir uns kaum etwas vorstellen, worauf wir eine kleine Lehrstunde in indischer Essenskultur erhielten. Natürlich entschieden wir uns für die empfohlenen Gerichte, was eine gute Entscheidung war. Uns erwartete eine interessante kulinarische Reise durch die indische Küche, wobei ›spice‹, also die typische Schärfe, nicht fehlen durfte.

Trotz des Umstandes, dass uns jeglicher Wunsch umgehend erfüllt wurde, wirkte die Situation befremdlich. Wir waren die einzigen Gäste, und es herrschte, bis auf unsere leise Unterhaltung, absolute Stille. Die drei Servicekräfte hielten sich unauffällig verteilt um unseren Tisch herum auf, um ja nicht einen Moment zu verpassen, um beispielsweise Wasser nachzuschenken oder den Teller mit Speisen aufzufüllen. Gesättigt und zufrieden verließen wir nach einem kurzen Gespräch mit dem Oberkellner das Restaurant.

Bevor wir unsere Reise nach Raigarh antraten, hatten wir unseren Eltern und Freunden versprochen, uns umgehend nach der Ankunft zu melden. Da saßen wir nun auf unseren Betten, verbanden unsere

Handys mit dem WLAN des Hotels, um im nächsten Augenblick durch unzählige Whats-App-Nachrichten erschlagen zu werden. Sowohl Tille als auch Mikes Mutter Karin überschlugen sich mit Mitteilung in unserem Indien-News-Chat. Die Sorgen von Müttern hören mit dem Erwachsensein nicht auf. Mikes bester Freund Marcus hatte zum Glück einen Überblick und konnte mit seiner besonnenen Art und seiner Objektivität unsere Mütter beruhigen. Wir sendeten zahlreiche Bilder mitsamt einem kurzen Reiseverlauf, wodurch unsere Mütter sichtlich beruhigt waren. Meine Gefühle umschrieb ich knapp mit »müde, k.o., durcheinander, Kulturschock, Emotion, viele Eindrücke heute. Ich finde keine Worte« zusammen.

Trotz meiner Müdigkeit konnte ich nicht schlafen. Zu viele Gedanken kreisten in meinem Kopf, weshalb ich mich entschied, noch ein wenig von den Ereignissen in meinem Tagebuch festzuhalten. Mike schlief bereits tief und fest neben mir.

34. Republic Day

»Hallo, guten Morgen, Isabel und Mike«, grinste uns das runde, warmherzige und freundliche Gesicht von Pater Theo beim Betreten der Hotellobby an, gefolgt von einer langen, herzlichen Umarmung. Da stand er endlich vor uns. Seine Anwesenheit gab mir ein ungemein sicheres Gefühl. Ich wollte Pater Theo alles vom ersten Treffen mit der Familie, und der Zugreise erzählen, doch Sunil hatte ihn bereits umfassend informiert. Mir schien es, dass sich zwischen Theo und Sunil bereits eine gewisse Art der Freundschaft entwickelt hatte und sie sich bestens verstanden.

Sunil drängte uns zum Aufbruch, da bereits seine Klasse am Sportpark auf ihn wartete. Erst jetzt bemerkte ich, wie chic Sunil vor uns stand. Gekleidet mit einem grau-silbernen Anzug, weißem Hemd mit Krawatte sah man ihm die Vorfreude deutlich an.

Vor dem Hotel wartete bereits ein Tuk-Tuk, das uns gewohnt holperig ans Ziel brachte. Pater Theo brach bei Mikes Spruch, dass er Tuk-Tuk-Fahren superlustig empfand, in lautes Lachen aus. »Tuk-Tuk?«, fragte er verwundert? »Das ist ein Tempo« erläuterte Pater Theo, nicht ohne zu schmunzeln.

Im Laufe der kurzen Fahrt sahen wir Hunderte Kinder in Schuluniformen, Soldaten, Polizisten und feiernde Menschen. Überall stachen orange Blumenketten hervor, die an unzähligen mobilen Ständen verkauft wurden. Die Menschen trugen diese Ketten um ihre Hälse, als Blumenkränze oder einfach nur als Armschmuck. Die Gebäude zierten indische Nationalflaggen und diese hübschen Blumenketten. Überall nur Freude und Freundlichkeit. Am Ziel verabschiedete sich Sunil. Entfernt sahen wir seine Klasse, die bereits ungeduldig auf ihn wartete.

Pater Theo verschaffte sich einen kurzen Überblick, nur um im nächsten Moment auf einen gesperrten Bereich zuzugehen. Bevor wir uns versahen, umringten uns einige Sicherheitskräfte und verlangten vor allem von Mike seinen Reisepass. Der Aspekt, dass Pater Theo immer noch lächelte, entspannte die Situation. Ohne zu verstehen, um was es ging, unterhielt sich Pater Theo mit einem offensichtlich führenden Polizisten auf Hindi. Jetzt wendete sich dieser uns zu, um unsere Pässe zu prüfen.

Beim Anblick des E-Visum-Stempels schüttelte er jedoch seinen Kopf, drehte sich zu einer Zivilperson um und übergab die Pässe. Während Pater Theo einige Fragen beantwortete, wurde uns die Situation unheimlicher. Polizisten geleiteten Mike und mich zu einer Durchgangskontrolle. Wir überstanden einen Metalldetektor, um anschließend durchsucht zu werden.

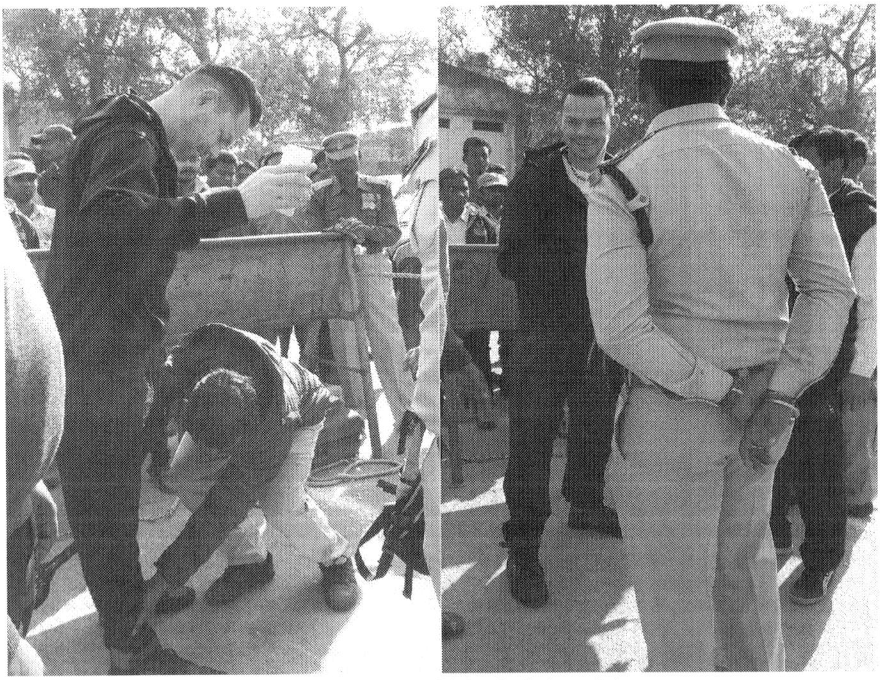

Abb. 34 Mike im Sicherheitsbereich

Jetzt wandte sich die Zivilperson in englischer Sprache an Mike und stellte sich als Bürgermeister von Raigarh vor. Er entschuldigte sich für die Kontrolle, begründetet die Wichtigkeit aber mit dem Besuch des Gouverneurs von Chhattisgarh, Herrn Balram Das Tandon. Immer noch ahnungslos, warum wir uns plötzlich in einem abgesperrten Bereich aufhielten, führte der Bürgermeister weiter aus, dass den örtlichen Sicherheitskräften das E-Visum noch nicht genauer bekannt sei. Bevor er sich verabschiedete und uns die Pässe übergab, fragte er noch kurz nach Länge und Grund unseres Aufenthaltes. Abschließend übte er Kritik daran, dass vor allem Mike seinen Besuch in Raigarh nicht den örtlichen Behörden angezeigt habe.

Den Grund dieser nicht offiziell geforderten Anzeigenpflicht können wir nur vermuten: Im März 2012 sind zum ersten Mal zwei ausländische Touristen in Orissa entführt worden. Seither wird unter anderem der Bundesstaat Chhattisgarh in der ›Risk Map‹ als hoch gefährdet ausgewiesen. Eine Entführung ausländischer Touristen wäre sicherlich das Wenigste, was der Bürgermeister gebrauchen konnte. Freundlich wünschte er uns abschließend ein tolles Fest und bat uns, die Kontrollzone in Richtung Stadioninnenraum zu verlassen.

Pater Theo führte uns freudig gelaunt auf eine geschmückte Tribüne, wo wir uns auf dekorierte Stühle setzten. Mike schaute immer noch etwas verwirrt und fragte Pater Theo, was er den Polizisten zuvor erzählt habe. Wieder war es diese indische Gelassenheit, die überraschte »Ich habe nur gefragt, von wo wir uns die Parade und die Tanzeinlagen ansehen können. Dabei habe ich erwähnt, dass du extra aus Deutschland für diesen Tag angereist bist«, grinste Pater Theo.

Der Beginn der Parade stand kurz bevor, als es noch einmal hektisch um uns herum wurde. Umringt von Sicherheitskräften traf der

Gouverneur ein. Unter lautem Beifall und freundlichen Rufen nahm er winkend in einem Abstand von zehn Metern neben uns Platz.

Abb. 35 Mike – Pater Theo und ich beim Republic Day

Auf ein kleines Zeichen hin begann laute Orchestermusik und im Innenraum des Stadions startete eine typische Militärparade von Fußtruppen. Mehrmals umrundeten die Soldaten den Platz in unterschiedlichen Märschen, bevor das von Sunil beschriebene Highlight begann. Unzählige Kinder füllten, in immensen Klassen aufgeteilt, nacheinander den Stadioninnenraum, um überaus aufgeregt ihre einstudierten Tänze vorzuführen. Mir schien, dass ich einige Melodien bereits aus Bollywoodfilmen kannte. Ebenso prachtvoll wirkten die Kostüme der Mädchen auf mich. Völlig unter dem Eindruck der Tänze und Musik, fing ich leicht an zu weinen. Hätte auch ich in solch einem Klassenverband hier getanzt? Eingetaucht in die Situation, vergaß ich alles um mich herum. Die Kinder zogen mich mit ihren zum Teil überaus akrobatischen Vorführungen vollends in ihren Bann. Wie viele Klassen letztlich ihre Tänze aufführten, ist mir nicht mehr in Erinnerung. Sunil erklärte mir später, dass zehn Klassen an dem Wettbewerb teilnahmen.

Bevor es zur Siegerehrung kam, nahm die Veranstaltung noch einmal einen politischen Verlauf. Ich konnte mir zunächst keinen Reim auf die von Treckern gezogenen, bunt geschmückten Wagen machen. Unweigerlich erinnerten mich diese allerdings an unsere Rosenmontagsumzüge. Auf festlichen Wagen befanden sich im ersten Moment belustigende indische Alltagsszenen.

Speziell ist mir hier ein Wagen in Erinnerung geblieben, der das Verrichten der Notdurft beschrieb. Wiederholt hockte sich eine männliche Person hinter einen Strauch, nur um im nächsten Moment von einem Polizisten mit einem lauten Trillerton ermahnt und aufgefordert zu werden, eine Toilette zu benutzen. Dabei deutete der Polizist auf eine kleine Toilettenhütte, die der Notdurftbedürtige mit einem Griff an seine Nase ablehnte. Diese Szene wiederholte sich permanent im Laufe der Stadionumrundung.

Abb. 36 Politische Botschaften während der Festlichkeiten

Pater Theo, der unsere fragenden Gesichter bemerkte, erklärte uns den Sinn dieser Parade. Neben den Feierlichkeiten wird der Republic Day auch zur Verbreitung von politischen Botschaften genutzt. Dabei kann es sich regional um unterschiedliche Botschaften handeln. Innerhalb dieser Parade sollten die Bewohner darauf hingewiesen werden, nicht einfach überall ihr Geschäft zu erledigen. Andere Wagen wiesen hin auf die Gleichberechtigung der Frauen, den Schutz der Tiger, dem Gemüseselbstanbau, der Bedeutung des Schulbesuches sowie der geeigneten Abfallentsorgung.

Nachdem der letzte Wagen das Stadion verlassen hatte, führte uns Pater Theo zu Sunil, der bereits ungeduldig auf uns wartete.

»Third place«, rief er uns freudig von Weitem entgegen und deutete dabei auf seine Klasse. Unzählige braune Mädchenaugen in wunder-

Abb. 37 Sunils Klasse, die den dritten Platz belegte

schönen grünen Kostümen hatten nur noch Blick für einen: Mike! Mike war eindeutig die Attraktion. Ohne dass Sunil es schaffte, sich bei seiner Klasse Gehör zu verschaffen, präsentierte er uns die Trophäe für den dritten Platz. Mehrere Mädchen trugen eine Art schwarzes, mit goldenen Emblemen verziertes Schild vor sich.

Immer noch ruhten alle Augen auf Mike, was Sunil dazu veranlasste, zunächst Mike und mich den Mädchen vorzustellen, um anschließend Gruppenfotos zu machen.

Jetzt schien auch der Zeitpunkt gekommen zu sein, uns auf den Weg zu Gulmat zu machen. Theo hatte sich bereits, zur Eile drängend, um ein Tempo gekümmert. Neben dem Fahrer fanden Sunil, Pater Theo, Mike und ich beengt Platz in dem Gefährt. Bevor wir Gulmats Grundstück erreichten, hielten wir noch an einem Spezialitätengeschäft, um dort einige indische Süßwaren für Gulmat zu kaufen.

35. Meine Abstammung

Kaum hatten wir das Grundstück erreicht, wurde ich unsicher. Jetzt sollten meine Fragen beantwortet werden. Noch vor unserer Reise hatte ich mir einen Zettel mit all den Fragen geschrieben, die mich beschäftigten. Ich wollte alles über mich, die damalige Zeit, Gulmats Gefühle und die Familie erfahren. Zittrig und angespannt betrat ich mit den anderen das Grundstück. Wieder war es Sheetal, die mich als Erste überschwänglich begrüßte. Wieder fing ich an zu weinen.

Ohne genau zu sehen, wer noch alles im Innenhof stand, wurden Mike und ich erneut in Arjuns Hütte geführt. Unter großem Hallo begrüßten alle Pater Theo, wobei ihnen die Freude über das erneute Zusammentreffen nur allzu offenkundig anzusehen war. Erst jetzt erkannte ich die Gesichter des letzten Abends wieder. Neben Sheetal und Arjun warteten Ravi, Lakshmikanth, Shahil, Chandrakantha, Kunal, Tara bereits in der Hütte auf uns. Noch bevor wir uns auf die Pritsche setzen konnten, trat Gulmat ein. Wieder umgab sie diese spezielle einnehmende Aura.

Die Gespräche und Begrüßungen endeten abrupt, alle Augen richteten sich auf sie. Pater Theo war es schließlich, der diesen kurzen Moment der Stille mit einer freudigen Begrüßung auf Hindi durchbrach. Chandrakantha verließ die Hütte, um nach kurzer Zeit mit Tee zurückzukehren. Die Frauen schienen in ihre schönsten Saris gekleidet zu sein, wobei nur Chandrakantha bemüht schien, ihr Haar mit dem Schleier zu bedecken. Nachdem alle einen Platz in der Hütte gefunden hatten, bekamen Pater Theo, Sunil, Gulmat, Mike und ich Tee gereicht.

»Isabel, jetzt ist es Zeit für deine Fragen.« Pater Theo schaute mich an, der ohne eine Antwort abzuwarten das Wort auf Hindi an Gulmat richtete. Gulmat nickte, wobei sie meine Hand ergriff und lange

Zeit nicht mehr losließ. Während ich mir unsicher wurde, welches meine erste Frage sein sollte, fing Gulmat von sich aus an zu reden. Mit Tränen in ihren Augen schilderte sie die damaligen Umstände und Pater Theo übersetzte das Gesagte für uns.

»Es war eine sehr schwierige Zeit damals, als ich dich und deine Zwillingsschwester geboren hatte. Wir verfügten über kein Geld, keine Nahrung und keine Kleidung«, begann sie. »Ich wusste nicht, wie ich euer Überleben sichern konnte. Aufgrund der Mangelernährung hatte ich keine Muttermilch. Neben der Versorgung von euch waren da noch Sita, Arjun, Parwati, Sheetal und Doku. Auf die Hilfe eures Vaters konnte ich mich nicht verlassen. Zu oft war er tagelang von zu Hause fort, um zu spielen und zu trinken. Geld, das Arjun, der als Einziger zu dieser Zeit Arbeit hatte, verdiente, musste ich vor eurem Vater verstecken. Trotz aller Bemühungen wusste ich nicht, wie es weitergehen sollte. Täglich sah ich bei euch einen verschlechternden Zustand. Oft sprach ich mit meiner besten Freundin Sonkunwer, wie es weitergehen könnte. Letztlich verstand ich, dass es nur eine Lösung gab. Hätte ich euch nicht an die Schwestern der M.o.C. abgegeben, würdet ihr heute nicht mehr leben.«

Weinend schaute mich Gulmat an, die ich bereits fest im Arm hielt, bevor sie fortfuhr »Ich entschloss mich, ohne es mit der Familie zu besprechen, euch in Raigarh zu den Schwestern zu bringen. Arjun war an diesem Morgen, dessen Datum ich nicht mehr weiß, arbeiten. Ihr wart zu diesem Zeitpunkt ungefähr sechs Tage nach eurer Geburt bei mir und stark geschwächt. In gutem Glauben, dass sich die Schwestern um euch kümmern und ich euch eines Tages wieder abholen könnte, begab ich mich zusammen mit Sonkunwer und Sheetal zu den Schwestern. Ohne jegliche Herzlichkeit mir gegenüber nahmen euch die Schwestern in Obhut. Mir brach das Herz, doch es gab keinen anderen Weg.«

Weinend und voller Verständnis schaute ich Gulmat an. Arjun schluchzte unter Tränen mehrmals, dass er es verhindert hätte, wenn er zu Hause gewesen wäre. Er fühlte sich an den damaligen Umständen schuldig.

So viele Fragen hatte ich in meinem Kopf und keine wollte mir mehr einfallen. »Weißt du, wie alt ich bin«, fragte ich Gulmat. Gulmat schüttelte den Kopf, worauf Arjun schätzte, dass ich ungefähr fünfundzwanzig Jahre alt sein müsste.

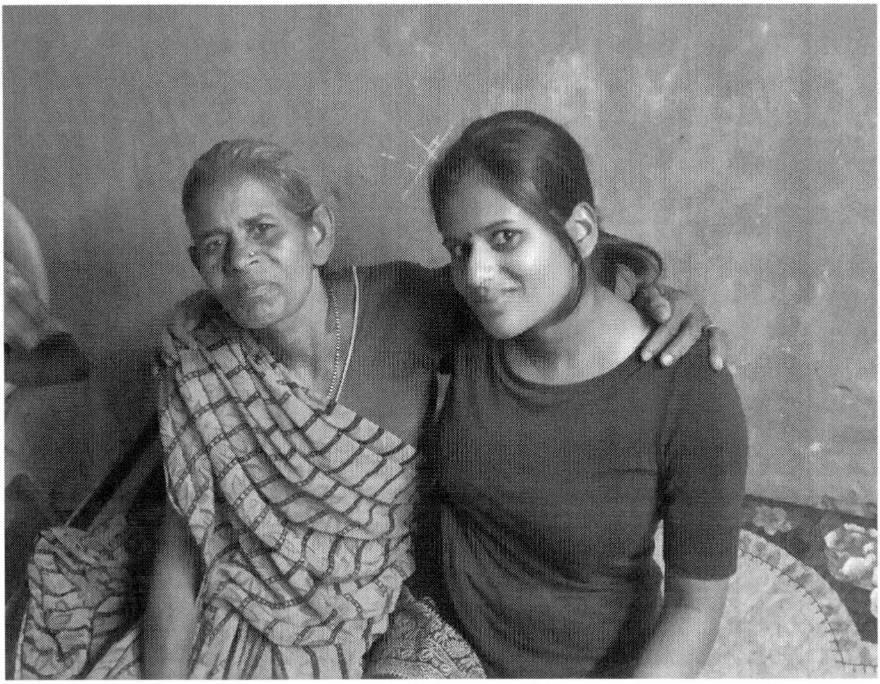

Abb. 38 Gulmat und ich

Pater Theo erklärte mir, dass Alter und Zeit keine Bedeutung hätten und dass aus meiner Familie niemand wisse, wie alt er sei. Allein die Reihenfolge der Geburt stand fest. Ich traute mich, immer mehr zu fragen. So erfuhr ich, dass ich, entgegen der Vermutung meiner Mutter Tille, die Erstgeborene bin. Ergänzend erläuterte Gulmat die

Bedeutung unserer Namen Sindu und Bindu, wobei Sindu für die Erstgeborene steht, die mit der indischen Erde verwurzelt ist. Mit meiner Frage, ob Gulmat es nie bereut habe, uns abzugeben, traf ich einen wunden Punkt.

»Ich war so oft bei den Schwestern, um das rückgängig zu machen, doch die schickten mich immer wieder weg. Letztlich untersagten sie mir, noch einmal zurückzukommen. Ich habe nie erfahren, was aus euch geworden ist. Immer habe ich geglaubt, ihr seid hier in Indien.«

Immer habe ich geglaubt, ihr seid in Indien – das ging mir durch den Kopf.

»Hast du uns denn nicht zur Adoption freigegeben«, fragte ich Gulmat. »Nein, ich wurde darüber nicht aufgeklärt und ich habe auch nie etwas unterschrieben«.

Ich habe nie etwas unterschrieben – das erklärte das fehlende Dokument in meiner indischen Gerichtsakte. Es stand also unumwunden fest, dass ich ohne Gulmat Wissens zur Adoption durch die M.o.C. freigegeben wurde. Es gab keine Einverständniserklärung und niemand wollte das. Auch wenn es sich komisch anhört, aber ich hatte den Beweis, dass ich ein gestohlenes Kind bin, das ohne jegliche Grundlage einfach aus Indien durch eine nach außen hin seriöse Einrichtung entführt wurde. Klar ging es mir heute körperlich und materiell sehr gut, doch rechtfertigt dies das Vergehen an Gulmat und meiner indischen Familie? Wie viele Kinder wurden außer meiner Schwester und mir noch auf diese Art vermittelt?

Pater Theo erkannte, dass wir uns an einem sehr emotionalen Punkt befanden und unterbrach die Unterhaltung. Er hielt es für angebracht, zunächst einige Zeit außerhalb der Hütte im Freien zu verbringen und das schöne Wetter zu genießen. Tatsächlich tat uns allen diese Unterbrechung gut.

Pater Theo, Gulmat, Chandrakantha, Thik-Bai und ich saßen in der Sonne, wo Gulmat so viele Fragen zu meinem Leben in Deutschland hatte. Ich erzählte ihr von meinem Beruf, Tille und Hermann, meinen Tanten und Onkel, wobei ich besonders die Rolle von Ingrid und Bernd hervorhob. Ohne die Hilfe der beiden hätte ich mein Ziel sicher nie erreicht. Gulmat nickte zu meinen Ausführungen und unterbrach mich nur gelegentlich mit kleineren Fragen. Gulmats Interesse bezog sich dabei nicht nur auf mein Leben, sondern auch auf das von Mike. Sie akzeptierte den Umstand völlig, dass Mike und ich christlich lebten, und freute sich darüber, dass wir so zueinanderstanden und Mike mich in allem unterstützte. Besonders interessierte sich Gulmat für Mikes Kindheit, seine Eltern und für die Frage, ob er noch Geschwister hätte.

Den Moment, in dem Mike erzählte, nutzte Sheetal, um mich zur Hütte von Gulmat zu führen. Ohne zu verstehen, was mir Sheetal auf dem Weg erzählte, nickte ich lächelnd. Gulmats Hütte lag direkt in Höhe des Grundstückseingangs und war an der Stirnseite durch einen vergangenen Monsun beschädigt. Die längliche Frontmauer war aufgrund starker Wassermassen eingestürzt, sodass Gulmat lediglich ein kleiner Raum zur Verfügung stand. Sheetal deutete auf eine Stelle in der Hütte, wobei sie mit ihren Armen eine wiegende Bewegung vollzog, so als habe sie ein Baby im Arm. Ich verstand sofort, was Sheetal mir zeigen wollte: Hier hat Gulmat mich geboren. Ich konnte einige Momente in meinen Gedanken verweilen, bevor mich Sheetal freudig hinter sich her in Ravis Hütte zog. Hier wartete bereits meine Schwägerin mit einem prächtigen grünen Sari. Sheetal, Chandrakantha und Thik-Bai hatten so eine große Freude daran, mich in diesen Sari zu kleiden. Es wurde gewickelt, gezupft, gedreht und letztlich alles mit Sicherheitsnadeln fixiert. Unzählige goldene Armreifen schmückten meine Arme, bevor meine Stirn abschließend mit einem Bindi und einem roten Strich, dem Tikka, am Scheitelansatz verziert wurde. Unter freudigem Gelächter aller Anwesenden wurde ich vor der Hütte erwartet. Es schien, als ob jeder, außer Mike und mir, von diesem Umstyling wussten. Pater Theo erklärte Mike, der mich mit einem breiten Grinsen von oben bis unten betrachtete, die Bedeutung des Tikka, der im Indischen dem europäischen Ehering gleichsteht. Oft hatte Mike davon gesprochen, dass er mich gerne einmal im Sari sehen würde.

Abb. 39 Chandrakantha – Sheetal – ich und eine Nachbarin

Sheetal war so herzlich. »You are so beautiful. I love you so much!«, sagte sie mir, während sie mich fest in den Arm nahm. Trotz der sprachlichen Trennung zwischen Sheetal und mir verband uns eine

Herz-zu-Herz-Beziehung. Optisch wie auch vom Charakter her sind wir uns sehr ähnlich. Ich spürte eine starke geschwisterliche Verbundenheit, ein Gefühl, das ich so vorher nicht kannte.

Die nächsten knapp dreißig Minuten war Mike damit beschäftigt, mich mit allen Anwesenden in unterschiedlichen Konstellationen zu fotografieren.

Der Tag neigte sich viel zu schnell seinem Ende. Mit unzähligen Informationen, Erlebnissen und Eindrücken brachten uns Pater Theo und Sunil gegen Abend zurück ins Hotel. Wir verabredeten uns dazu, später am Abend noch ein Bier in unserem Zimmer zu trinken. Mike hatte Pater Theo und Sunil zuvor vom vergeblichen Versuch, ein Bier zu bekommen, berichtet, was Sunil typisch mit »no problem« kommentierte.

Natürlich kam es anders. Die verabredete Zeit, acht Uhr, verstrich, ohne dass Sunil oder Pater Theo eintrafen. Gegen 20:45 Uhr betraten sie letztlich doch noch unser Zimmer, jedoch ohne Bier. »Republic Day, all is closed« erklärte Sunil, während er eine kleine Flasche Royal Stag und eine Flasche Tonic Water hervorzauberte. Natürlich hatte er auch an die Plastikbecher gedacht, sodass einem kleinen Umtrunk nichts mehr im Wege stand. Das letzte, was ich mir bei dieser Reise vorgestellt hätte, dass ich mit einem Pater in einem Hotelzimmer Whiskey trinken würde. Oder doch? Pater Theo hatte uns schon so oft überrascht. Gesellig mit lustigen Geschichten sowie Anekdoten ging dieser Abend spät zu Ende.

36. Meine Schwester Parwati

Um halb elf Uhr am Morgen des 27. Januar 2016 holten uns Pater Theo, Sunil und Arjun mit einem Tempo vom Hotel ab. Arjun trug ein weißes Hemd, das ihm Mike in Raipur geschenkt hatte. Obwohl das Hemd gefühlt drei Nummern zu groß schien, sah er sehr elegant aus. Gulmat erwartete uns bei unserem Eintreffen bereits mit Chai-Tee und indischem Gebäck.

Ich bemerkte eine mir bisher unbekannte Frau, die mich mit ihrem großen runden Gesicht, verziert mit zwei riesigen Nasensteckern, anstrahlte.

Abb. 40 Nanki Bai – ich und Gulmat

Nanki Bai, Gulmats Schwester, wurde mir die Frau vorgestellt. Sie strahlte eine Herzlichkeit und Fröhlichkeit aus, die man einfach nur ansteckend umschreiben kann. Ohne Rücksicht auf Verluste wurden Mike und ich gedrückt, geherzt und geküsst. Leider war die Tagesplanung so eng gesetzt, dass wir nicht viel Zeit hatten, uns zu unterhalten. Ich erkannte aber, dass es Nanki Bai sehr wichtig war, uns einfach zu sehen und zu drücken.

Sheetal, Arjun und Pater Theo hatten für heute geplant, meine Schwester Parwati zu besuchen. Parwati lebte mit ihrem Mann und drei Kindern ungefähr fünfundzwanzig Kilometer entfernt von Gulmat in einem abgelegenen Dorf. Um zu ihr zu kommen, mussten wir einen PKW benutzen, da die Strecke für ein Tempo zu lang und zu schwierig war. Jetzt ist es nicht so, dass auf Zuruf ein Fahrer mit einem Auto zur Verfügung steht. Ich konnte Sunil dabei beobachten, wie er mehrmals hektisch telefonierte, um ein Fahrzeug zu mieten. Trotz der vorherigen Vorbestellung sagte der ursprüngliche Fahrer kurz vor unserer Abfahrt ab.

Sunil war bemerkenswert. Immer bemühte er sich, Probleme zu lösen, ohne dass wir etwas davon mitbekommen sollten. Letztlich gelang es ihm, einen PKW mit einem Fahrer zu organisieren.

Zu meiner Überraschung verabschiedete sich Gulmat von uns. Ich blickte Pater Theo an, der mir daraufhin erklärte, dass nicht genügend Platz für alle im Jeep sei und Gulmat überdies über leichte Kopfschmerzen klagte. Daher habe sie beschlossen, nicht mit zu Parwati zu fahren.

Sunil, Pater Theo, Arjun, Sheetal, Ravi, Mike, Lakshmikanth, der Fahrer und ich zwängten uns in den Jeep, worauf die Fahrt zunächst in Richtung der gigantischen Erzfabrik startete. Endlose Förderbänder begleiteten unsere Fahrt auf den ersten Kilometern, bevor wir Raigarh hinter uns ließen und unseren Weg durch das Hinterland weiter fortsetzten. Neben dichten Wäldern erschienen immer wieder freie Flächen mit bunten Gottesstatuen und beschädigten kleinen

Tempeln. Unzählige Affen tobten und spielten dort, ohne sich von unserem Jeep aufschrecken zu lassen.

Pater Theo versuchte, uns während der Fahrt viele Informationen über die örtlichen Verhältnisse zu geben, wobei er auch von den Elefanten erzählte, die sich im dichten Wald aufhielten. Mir war bis zu diesem Zeitpunkt nicht bewusst, dass die wildlebenden Elefanten ebenfalls ihren Teil zum schweren Leben der indischen Landbevölkerung beitrugen. Neben dem Umstand, dass sie nicht nur innerhalb ihrer Futtersuche Anbauflächen der Bauern zerstörten, kam es nicht selten vor, dass sie auch Hütten und Dörfer zertrampelten. Mike lauschte fasziniert Pater Theo und stellte mehrfach Nachfrage, natürlich auch wieder zu den Giftschlangen. Sunil gab zwar zu, dass es durchaus giftige Schlangen in Indien gäbe, er aber selbst kaum jemals welche zu Gesicht bekommen habe.

Unsere Fahrt stoppte unvermutet an einem kleinen Bahnübergang. Arjun sprach auf Hindi in meine Richtung und blickte dabei überaus traurig. Auch in Sheetals Augen erkannte ich Tränen. »An diesem Bahnübergang ist dein Bruder Doku 2001 bei einem Verkehrsunfall ums Leben gekommen«, übersetzte Pater Theo. Doku war damals in der Dunkelheit mit einem Roller unterwegs von seinem Musiklehrer zurück nach Hause. Beim Überqueren der Bahngleise geriet sein Vorderrad in die Schienen, worauf er das Gleichgewicht verlor und stürzte. Dass er unmittelbar vor dem nahenden Zug versucht hatte, die Gleise zu überqueren, führte dazu, dass er erfasst und tödlich verletzt wurde. Ich traute mich aufgrund der Niedergeschlagenheit meiner Geschwister nicht, Einzelheiten zu erfragen, und beließ es bei diesen Schilderungen.

Arjun war es, der unsere Gedanken vom Geschehenen ablenkte und uns bat, kurz bei diesem Musiklehrer zu halten. Für ihn war dieser Lehrer nicht nur ein einfacher Lehrer, sondern auch sein bester

Freund, so war wenigstens zu diesem Zeitpunkt für uns die Annahme. Früher fuhr Arjun regelmäßig mit seinem Fahrrad die vierzehn Kilometer zu diesem Lehrer, um dort das Harmoniumspiel zu lernen. Nicht ohne berechtigten Stolz führte Pater Theo aus, dass Arjun bereits mehrfach im örtlichen Radio selbstkomponierte Lieder vorgespielt habe.

Angekündigt wurde uns dieser Freund jedenfalls damit, dass er sich überaus freuen würde, uns einmal persönlich zu treffen. Natürlich konnten wir diese Bitte nicht abschlagen und so fanden wir uns ungefähr zehn Minuten später in einem kargen Innenhof auf einfachen Plastikstühlen wieder. Ohne ein Wort musterte uns der Lehrer von oben bis unten, wobei seine Gesichtszüge nicht überaus freundlich wirkten. Wieder eine dieser Begegnungen, die vor allem Mike ratlos zurückließen.

Abb. 41 Arjun und der freundliche Musiklehrer

»Und er freut sich wirklich, uns zu sehen?«, fragte Mike. Nein, auch für mich sah Freude doch anders aus. Letztlich brach der Wunsch seitens des Lehrers nach gemeinsamen Fotos das Eis, wobei sich seine Miene aber weiterhin nicht aufhellte. Pater Theo übersetzte mehrere Fragen, die wir beantworteten, wodurch sich ein gewisser Dialog entwickelte. Freudig wurde die Tatsache begrüßt, dass wir aus Deutschland und nicht aus England kommen, was uns bekannt vorkam. Von einem Moment zum anderen wurden wir auch wieder verabschiedet, wodurch das gesamte Treffen nicht einmal zehn Minuten dauerte. Verwundert und nachdenklich angesichts dieses Kurz-Besuchs setzten wir die Fahrt weiter fort. Dass wir uns in unserem Gefühl, dass es sich nicht um ein sehr fröhliches Treffen gehandelt hat, nicht getäuscht hatten, sollten wir jedoch erst ein Jahr später – während meiner dritten Indienreise erfahren.

Abseits jeglicher Zivilisation tauchten, eingerahmt in die Buschlandschaft, vor uns mehrere Hütten auf. Kleine Reisfelder umgaben das doch recht große Grundstück, auf dem die Familie von Parwatis Mann unsere Ankunft neugierig beäugte. Distanziert und doch freundlich wurden wir begrüßt, wobei die Blicke hauptsächlich auf dem großen Weißen hafteten. Pater Theo grinste »Du bist hier weit im Hinterland. Niemand hier hat jemals zuvor einen weißen Menschen gesehen.«

Sheetal zog mich sanft in Richtung einer kleineren Hütte, aus der uns Parwati entgegenkam. Wir lagen uns zu dritt in den Armen und ließen uns von unseren Gefühlen überwältigen. Ohne dass ich es bemerkt hätte, stand in einiger Entfernung Parwatis Mann mit den Kindern. Erst zögerlich und auf ein Zeichen von Parwati wartend, näherte sich uns die Familie, um uns in ihre Hütte einzuladen. Sheetal richtete in der Kochnische Tee, bevor Parwati, ohne meine Fragen abzuwarten, erzählte. Im Hintergrund lief leise ein Fernseher mit einer Kindersendung. Abenteuerlich zogen sich zum Teil offene und provisorisch verlegte Stromkabel unter der Decke entlang. Die Hütte bestand wie üblich aus einem Vorraum mit Kochnische und einem größeren hinterem Raum mit mehreren Pritschen. Im Unterschied zu Gulmats Anwesen lagen einige Spielzeuge auf dem Boden. Der rückwärtige Hüttenbereich wurde durch eine schummrige Lampe spärlich erleuchtet.

Einige Dinge, die Parwati berichtete, deckten sich mit meinen bisherigen Erkenntnissen, andere waren neu für mich. Aber nicht nur für mich, wie sich schnell herausstellte. Mein stark alkoholabhängiger Vater verließ bei Schwierigkeiten immer seine Familie, ohne sich weiter um sie zu kümmern. Er versuchte, regelmäßig seine Probleme mit Alkohol zu lösen, wobei er oft sogar wochenlang wegblieb. Gulmat und meine Geschwister wussten nie, wo er sich aufhielt oder wie sie das weitere Leben ermöglichen sollten. Oft kehrte er nur nach Hause zurück, um Geld, das Arjun als einziger Arbeiter verdiente, zu holen. Bei unserer Geburt war mein Vater ebenfalls nicht anwesend und Gulmat konnte nicht auf seine Hilfe hoffen.

Kurz nach unserer Geburt wurde unser Vater tot am Straßenrand gefunden. Was zu seinem Tod führte, wurde nie abschließend ermittelt. Überraschend fiel Ravi in diesem Moment der Erzählung unerwartet weinend vor mir auf die Knie und nahm mich in den Arm. »Ich bin so froh, dass du hier bist. Bisher durfte ich nie nach meinem Vater fragen, obwohl doch auch ich ein Recht hab zu erfahren, was aus ihm wurde.«

Das Gespräch erwies sich als so intensiv, dass Pater Theo, Mike und Sunil die Hütte verließen, um uns ungestört Zeit alleine zu ermöglichen. Parwatis Mann folgte ihnen mit den Kindern auf den Hof. Mike erzählte mir später, dass Parwatis Mann ihnen in der Zeit das Grundstück und die angrenzenden Felder gezeigt hatte. Ohne dass wir uns verständigen konnten, nutzen wir Geschwister die Zeit, um einfach beieinander zu sein. Diese Momente verbanden mich noch stärker mit meinen Geschwistern und gaben mir ein Gefühl der Heimat.

Ja, ich war am Ziel. Ich hatte meine Familie gefunden, ich wusste, woher ich stammte, wer meine Eltern und Geschwister waren und wo ich geboren wurde. Alle Puzzleteile zusammen konnte ich Gulmats damalige Entscheidung gut nachvollziehen. Ob ich in einer solchen Situation ebenfalls so gehandelt hätte, vermag ich nicht zu beurteilen.

Abb. 42 Arjun – Sheetal – ich – Parwati und Ravi

Für mich ging an diesem Tag eine sehr lange, schmerzvolle und oft nachdenkliche Reise zu Ende. Zufrieden schaute ich in diesem stillen Moment in der Hütte meine Geschwister an. Obwohl ich meine älteste Schwester Sita noch nicht kennengelernt hatte, hatte ich keine Fragen mehr. Jedoch stand zu diesem Zeitpunkt für mich bereits fest, dass ich im nächsten Jahr erneut meine indische Familie besuchen wollte.

Noch einmal nahmen wir uns alle fest in den Arm, bevor wir die Hütte verließen und uns zu den anderen auf dem Vorplatz begaben. Es hieß nun, Abschied von Parwati und ihrer Familie zu nehmen, wollten wir doch vor Beginn der Dunkelheit wieder zurück in Raigarh sein.

Während wir in den Jeep stiegen, erstaunte mich vor allem die Tatsache, dass Parwatis Mann in der Öffentlichkeit stark weinte. Obwohl ich die Familie erst vor kurzer Zeit das erste Mal getroffen hatte, bestand diese familiäre Bindung. Ich ließ mit unserem Abschied einen Teil meiner sehr intensiv gesuchten Familie zurück. In mir kamen die Gefühle wieder hoch, sodass auch ich weinte. Mike nahm mich liebevoll und beschützend in den Arm. Ich war erleichtert, dass er immer zu mir stand und mich nie alleine ließ.

Unspektakulär verlief die Rückfahrt. Wir sprachen wenig, jeder hing seinen Gedanken nach. Sheetal ergriff oft meine Hand und hielt sie lange Zeit in ihrer fest. Ich beobachtete meine Geschwister und dachte daran, wie der noch kommende Abschied von ihnen und Gulmat verlaufen würde.

Obwohl der Zeitraum in Raigarh insgesamt eng bemessen war, empfand ich die Dauer doch genau richtig. Ich konnte auf so viele Eindrücke und Informationen zurückblicken, dass ich die erst einmal verarbeiten musste. Und trotzdem hatte ich Angst vor dem Abschied. Wie würde Gulmat reagieren? Würde sie diesen Abschied wieder als die Trennung erleben, die sie damals bereits erlebte? Ich wollte ihr auf keinen Fall wehtun. Während ich die Landschaft beobachtete, versuchte ich mich, ein wenig von diesem Gedanken abzulenken. Dies gelang mir so gut, dass ich erst wieder bei Mikes Worten »Schau mal, da sind schon die Lichter der Fabrik« wieder im hier ankam.

Gegen ungefähr sechs Uhr Ortszeit erreichten wir das Grundstück. Es war bereits dunkel und Gulmat erwartete uns ungeduldig. Sie und Chandrakantha hatten gekocht und Tee bereitet, weshalb wir uns alle zusammen in Arjuns Hütte begaben. Pater Theo erläuterte uns die Speisen und ermunterte uns, die zu probieren. Es schmeckte hervorragend. Ohne an den unausweichlichen Abschied zu denken, berichtete ich vom Besuch bei Parwati. Gulmat lauschte aufmerksam den Schilderungen und schien ebenfalls nicht an Abschied zu denken. Es wurde immer später und langsam kam die Zeit, dass wir doch Abschied nehmen mussten, da unser Zug bereits am nächsten Morgen gegen halb sieben Uhr aus Raigarh losfuhr. Ich wollte unbedingt, dass Gulmat etwas Persönliches von mir bekam. Jedoch entschied ich mich, dass ihr diese Gegenstände – einen Teddy aus meiner Kindheit und einen Schal – Sheetal erst nach unserer Abreise übergeben sollte. Dabei legte ich Sheetal meine Armbanduhr um ihr Handgelenk und Mike schenkte Ravi seine Haizahnkette, wodurch dieser Abschied ungewollt doch einen emotionalen Verlauf annahm.

Pater Theo sprach auf Hindi zur Familie und bat uns dabei, in Richtung Grundstückseingang zu gehen. Ohne dass auch nur eine Träne floss, verabschiedeten wir uns, drückten und küssten uns und erlebten einen fröhlichen und herzlichen Abschied. Noch bevor ich in das wartende Tempo einstieg, versprach ich, im nächsten Jahr zur selben Zeit wiederzukommen.

»Was hast du gesagt, Theo«, fragte ich erst im Tempo.

»Isabel, ich habe der Familie gesagt, dass sie nicht traurig sein sollen. So glücklich, wie ihr zusammengekommen seid, sollt ihr auch wieder Abschied voneinander nehmen. Wohlwissend, dass es ein Wiedersehen geben wird.«

Pater Theo lächelte. »Emiliana, Pratibha und Olivia möchten euch noch kurz treffen. Wir fahren daher rasch zu Sunil nach Hause. Später bringen wir euch mit den Rollern zum Hotel.«

Gefühlte fünf Minuten später erreichten wir Emilianas Haus. Alles hatte sich seit meinem ersten Besuch hier verändert. Die spärliche Hütte war einem festen, bemerkenswerten Haus mit hohen Mauern gewichen. Hinter dem Grundstückstor bellte ein kleiner Hund, der unsere Ankunft lautstark vermeldete. Emiliana, Olivia und Pratihba erwarteten uns bereits, genau wie Sunils kleiner Sohn Asher Chaim. Nach einer ausgiebigen Begrüßung führte uns Sunil stolz durch das Haus, während Olivia und Emiliana den Tisch mit Kaffee, Tee und selbstgemachter Pizza deckten.

Abb. 43 Verabschiedung bei Emiliana – Sunil – Olivia und Pratibha

Gemütlich saßen wir anschließend zusammen, wobei ich natürlich Emiliana ausführlich von den Ereignissen der letzten Jahre berichten musste. Jetzt kam auch der Moment, an dem ich ihr für all ihre Hilfe endlich angemessen danken konnte. Nicht nur, dass sie bereits bei unserem ersten Treffen überaus hilfsbereit war, nein, überdies gewährte sie Pater Theo während seiner Aufenthalte in Raigarh jedes Mal wie selbstverständlich Unterkunft. Typischerweise folgte zum Abschluss eine regelrechte Fotoschlacht. Im besonderen Interesse stand wiederum Mike. Nicht nur, dass die Anwesenden unbedingt mit ihm aufs Foto wollten, auch Olivias Freundin kam zum Fotoshooting hinzu.

Völlig erschöpft vom Tag und den Geschehnissen wurde es bald Zeit, zum Hotel zurückzukehren. Das Kofferpacken stand ebenso wie die tägliche Berichterstattung zu Hause und dem Schreiben in meinem Tagebuch noch an. Während wir uns von Emiliana, Olivia, Pratibha, Asher Chaim und natürlich dem Wachhund Broosh verabschiedeten, fuhren Sunil und Pater Theo mit den Rollern vor.

Sunil schaute kurz auf Mike und entschied mit einem Grinsen, dass ich doch besser bei ihm mitfahren sollte. Kurze Zeit später cruisten Sunil und Pater Theo mit uns als Sozius gekonnt durch die zum Teil engen Gassen von Raigarh in Richtung Hotel.

37. Raigarh – Mumbai – Frankfurt

Früh, viel zu früh klingelte der Wecker am Morgen des 28. Januar 2016. Ich hatte trotz der kurzen Nacht hervorragend geschlafen. Innerlich fühlte ich eine tiefe Erleichterung. Meine neuen Erkenntnisse in Bezug auf meine indische Familie dämpften meine Rastlosigkeit, sodass ich mich für den jetzigen Moment am Ziel meiner Reise sah. Bis zur Abholung durch Pater Theo um halb sechs Uhr verblieb noch genügend Zeit zum Auschecken. Im Anschluss setzten wir uns noch für einige Minuten in die wuchtige Lobbycouch, wobei mir wiederholt dieser eklatante Unterschied zwischen den normalen Wohnhäusern und dieser Pracht bewusst wurde. In meinen Gedanken versunken stand unvermittelt Pater Theo vor uns. »Guten Morgen, es geht los. Das Tempo wartet vorne am Tor. Habt ihr gut geschlafen?«

Diese Fröhlichkeit zeichnete ihn einfach aus. Nie habe ich Pater Theo genervt oder gar schlecht gelaunt erlebt. Immer ein freundliches Wort mit einem Lächeln im Gesicht. Vier ausgewachsene Menschen und drei Koffer fanden mittlerweile gekonnt ihren Platz in dem engen Gefährt. Laut knatternd setzte sich das Tempo in Richtung Bahnhof in Bewegung. Es war noch völlig Dunkel, sodass wir von den Straßenzügen nur gelegentlich, durch spärliche Lampen erhellt, etwas erkennen konnten.

Trotz dieser frühen Stunde herrschte am Bahnhof bereits reges Treiben. Menschenmassen schoben sich durch den Eingang in Richtung Bahngleise. Während wir das Tempo verließen, tauchte unerwartet Ravi vor mir auf. Er konnte und wollte uns einfach nicht ohne Verabschiedung fahren lassen. Überdies war es ihm eine Herzensangelegenheit, mir einen silbernen Ring an den Ringfinger zu stecken und Mike ein Armband anzuziehen. Ich erkannte, dass vor allem ihm der Abschied über alle Maßen schwerfiel.

Abb. 44 Ravi mit mir am Bahnhof

Ravi begleitete uns bis zum Bahnsteig, wozu er im Vorfeld extra eine Art Eintrittskarte für das Bahnhofsgelände erwerben musste. In Indien dürfen nur Reisende mit gültigen Fahrausweisen den Bahnhof betreten oder aber Personen mit eben einer solchen Bahnsteigkarte. Pater Theo fügte hinzu, dass diese Maßnahme dazu diene, Obdachlose aus dem Bahnhof fernzuhalten. In Mikes Gesicht erkannte ich, dass er diese Maßnahme, die wieder auf Kosten der Ärmsten ging, nicht guthieß.

Nach einem kurzen Fußmarsch, der uns über mehrere Emporen führte, erreichten wir den Bahnsteig. Der Zug stand bereits abfahrbereit im Gleisbett und Pater Theo hielt Ausschau nach unserem

Abteil. Außen an den Zügen klebten kleine weiße Zettel mit den Namen der Reisenden und den zugewiesenen Sitzplätzen. Auch unsere Namen fanden sich darauf, zu meiner Freude zusätzlich auch auf Hindi.

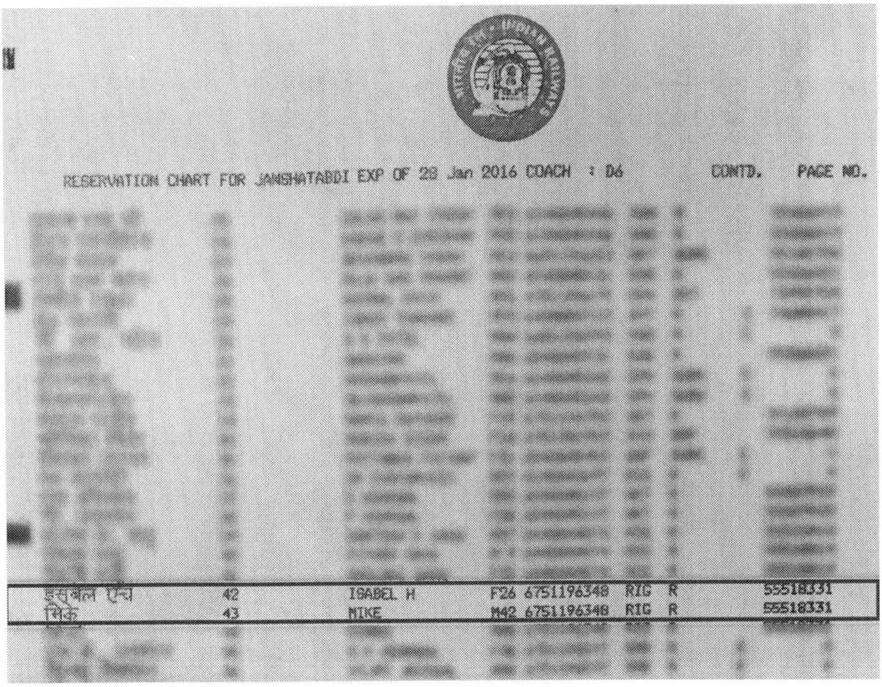

Abb. 45 Unsere Zugreservierung

Ravi wich in der verbliebenen Zeit nicht von meiner Seite und nahm mich immer wieder in den Arm. Letztlich erkannte auch er, dass es für uns Zeit wurde, den Zug zu besteigen.

Mit Tränen in den Augen, stets bemüht diese nicht zu zeigen, küsste er meine Stirn. Auch ich hatte mit den Tränen zu kämpfen und wollte ihn nicht mehr loslassen. Pater Theo drängte jedoch freundlich zur Eile. In dem Moment, in dem wir den Zug bestiegen, fuhr der bereits los. Durch die Fenster schaute ich Ravi, der ununterbrochen winkte, nach, bis er aus meinem Blickfeld verschwand. Pater

Theo und Mike hatten in der Zwischenzeit unsere Koffer an den Sitzplätzen verstaut. Nachdenklich und traurig, jedoch auch irgendwie glücklich setzte ich mich zu ihnen.

Langsam stieg die Sonne auf, sodass Mike und ich durch die – im Gegensatz zum Hinreisezug – großen Fenster die Landschaft beobachten konnten. Uns zeigte sich das bereits bekannte Bild. Frauen in farbenfrohen Saris bestellten Reisfelder oder hüteten Ziegen. An Flüssen konnte ich badende Menschen und Frauen beim Wäschewaschen ausmachen. Vereinzelte Gruppen von Affen tobten durch die Vegetation. Indien zeigte sich an diesem Morgen von seiner besonders reizvollen Seite. So in Gedanken zogen die Kilometer an mir vorbei, bis zu dem Moment, in dem Mike mich auf zwei großgewachsene Frauen in bunten Saris und üppigen Make-up aufmerksam machte. Die Frauen schritten langsam das Abteil entlang, wobei sie jeden Reisenden ansprachen. Erstaunt stellten wir fest, dass jeder dieser Angesprochenen den Frauen Geld übergab, um im Anschluss durch die Frauen am Kopf berührt zu werden. Wir wandten unsere Blicke zu Pater Theo.

Leicht verärgert, doch bemüht verständnisvoll, erklärte er: »Bei diesen Frauen handelt es sich um Transvestiten. Leider ist es so, dass vor allem die indische Landbevölkerung noch immens abergläubisch ist. Sie glauben, dass alle Wesen von Gott erschaffen wurden, so eben auch diese Frauen. Da sie sich aber von normalen Frauen unterscheiden, glauben die Inder, dass sie andere Menschen verfluchen können. Daher überreichen die Angesprochenen ihnen etwas Geld und erhalten im Gegenzug einen kleinen Segen, der mit dem Auflegen der Hand auf dem Kopf bekräftigt wird.«

Erstaunt beobachten wir, wie in der Tat jeder Geld überreichte. Jetzt konnten wir auch die zuvor in Mumbai an der Kreuzung angetroffenen Transvestiten einordnen. Ohne unserer Sitzreihe auch nur eines Blickes zu würdigen, liefen die Frauen an uns vorbei. Pater Theo lächelte. »Mike scheint durch sein helles Erscheinungsbild die Frauen von uns abzuhalten.« Im Laufe der Zugfahrt kamen noch mal zwei weitere Frauen durch unser Abteil, wobei sich das zuvor Beobachtete wiederholte. Für mich grenzte das an Betrug, der sich als Geschäftsidee aber zu lohnen schien.

Gerade wollte ich mich wieder damit beschäftigen, die Umgebung zu beobachten, als am Eingang unseres Abteils ein körperlich behinderter Mann erschien. Seine Beine waren in Höhe der Oberschenkel amputiert, sodass sich der Mann, ausschließlich mit einem Tuch um den Unterleib bekleidet, auf einem Rollbrett fortbewegte. Auch dieser Mann sprach jeden Fahrgast an und bat offensichtlich auch, durch das Aufhalten einer Hand bekräftigt, um eine Geldspende. Erstaunlicherweise erhielt er von kaum einem Fahrgast etwas. Was für eine gravierende Ungerechtigkeit! Die Transvestiten erhielten aus Aberglaube heraus Geld und wahrhaftig Bedürftige nicht. Jedenfalls so zu diesem Zeitpunkt mein Eindruck. Kaum hatte der Mann das Abteil durchquert, erschien am Eingang bereits ein zweiter Mann mit Behinderung, um im Anschluss von einem weiteren gefolgt zu werden. Offenkundig stimmte hier doch etwas nicht.

Ich fragte Pater Theo, der uns erklärte, dass hinter diesen Menschen eine Art Bettelmafia steckte. Die Männer mit den Behinderungen werden durch Fahrer an den Bahnsteigen abgesetzt, um dann selbständig, nach Geld bettelnd, die Züge zu durchqueren. Am nächsten Bahnhof wartet der Fahrer auf die Männer, um sie zum nächsten Zug zu bringen und das Geld einzusammeln. Diese Art der Gelderschleichung und die Masche mit den Kindern an den Straßenkreuzungen waren den meisten bekannt, sodass kaum noch jemand Geld spendete. Verärgert über die Ausnutzung der Ärmsten schüttelte ich meinen Kopf und schaute wieder aus dem Fenster.

Abb. 46 Pater Theo mit Mike und mir im Zug auf der Rückfahrt

Die verbliebende Zugfahrt verging recht unspektakulär, sodass wir pünktlich um halb elf Uhr den Bahnhof in Raipur erreichten. Im Vorfeld hatte Pater Theo bereits durch einen seiner Ordensbrüder unsere Abholung und den Transfer zum Flughafen organisiert. Mit einem Jeep durchquerten wir den dichten Verkehr der Millionenstadt in Richtung Flughafen. Immer wieder erstaunlich, wie sich der Verkehr ohne, zumindest für uns erkennbare, Verkehrsregeln selbst gestaltete. Die doch relativ kurze Strecke von knapp zwanzig Kilometern bewältigten wir innerhalb von circa neunzig Minuten, sodass bis zu unserem geplanten Abflug noch etwa drei Stunden Zeit verblieben.

Wie gewohnt mussten wir vor dem Betreten des Flughafens und im Inneren mehrere umfangreiche Sicherheitskontrollen durchlaufen, bevor wir letztlich das Gate 7 erreichten. Mike ließ sich bequem mit einem Kaffee in einem Sitz nieder, während ich mit Pater Theo den Shopping-Bereich erkundete. Von Pater Theo beraten, erwarb ich zum Andenken mehrere typisch indische Schmuckstücke, ebenso einige kleinere Mitbringsel für meine Familie und Freundinnen.

Geplant startete unser Flugzeug um 15:10 Uhr und landete knapp zwei Stunden später auf dem Domestic Airport Mumbai.

Der Rückflug nach Frankfurt vom International Airport aus war für 2:55 Uhr angesetzt, weshalb wir noch Zeit hatten, Mumbai etwas zu erkunden. In einem Ordenshaus hatte Pater Theo eine kurze Unterbringung organisiert, die wir vom Flughafen aus mit einem Taxi in kurzer Zeit erreichten. Die dortigen Ordensschwestern hatten für uns extra Zimmer hergerichtet und ein Abendessen vorbereitet. Pater Theo schlug vor, den Santa Cruz Market zu besuchen: einen vor allem von Einheimischen besuchten Freiluftmarkt. Wieder nutzen wir ein Tempo, um den Markt zu erreichen. Alles, was wir zuvor vom Verkehr mitbekommen hatten, schien nichts im Vergleich zu dieser Fahrt. Es herrschte Rushhour und von Fahrt konnte nicht ansatzweise die Rede sein. Dicht an dicht schlängelten sich die hauptsächlich den Verkehr dominierenden Tempos durch die mehrspurigen Straßen. Im Laufe eines langen Wartezyklus an einer Hauptkreuzung beobachteten wir das Treiben in den anliegenden Geschäftsräumen. Im Unterschied zu anderen Läden waren die nicht prunkvoll dekoriert und mit riesigen Schaufenstern versehen, sondern bestanden meistens aus einzelnen, spärlich beleuchteten kargen Räumen. Angeboten wurden überwiegend Dinge des alltäglichen Lebens, wobei unser Blick rasch auf eine Art Metzger fiel. Hinter einer kleinen Verkaufstheke, eher ein einfacher Tisch, standen zahlreiche, übereinandergestapelte Gitterboxen mit lebenden Hühnern. Wie der Zufall es wollte, tauchte ein Kunde auf, der im Laufe eines kurzen Gesprächs auf eines der Hühner zeigte. Hochmotiviert entnahm der Verkäufer dem Käfig das Huhn, zeigte es dem Kunden genauer, um im nächsten Moment dieses auf dem Tisch zu töten, zu rupfen sowie zu zerlegen. Dieser Vorgang spielte sich in einer solchen Geschwindigkeit ab – unser Tempo legte nur wenige Meter zurück. Näher konnten wir dem hiesigen realen Leben wirklich nicht kommen.

Abb. 47 Santa Cruz Market

Die Dichte des Verkehrs dominierte auch an unserem Ankunftsort die zum Markt gehörigen Straßen. Neben unzähligen kleinen Shops beherrschten vor allem Straßenhändler mit ihren mobilen Verkaufstischen die Szene. Voller Entdeckerfreude schlenderten wir durch die Straßen und schmalen Gassen. Gewürze, Farben, Schmuck, Stoffe, Kleidung, Obst und Gemüse bestimmten die Auslagen. Musik, intensive Düfte und typische, zum Teil auch unangenehme Gerüche, ließen uns völlig in das Geschehen eintauchen.

Ich nutzte die Gelegenheit, um in einem kleinen Shop mehrere Bindis zu erwerben. Zahlreiche unterschiedliche Variationen erschwerten mir meine Entscheidung deutlich. Mike, der vor dem Shop wartete, schien völlig in die Umgebung und das Treiben versunken. Immer wieder lächelte er still in sich herein und ich sah ihm an, dass er sich sichtbar wohlfühlte. Die örtliche Begebenheit ließ es zu, dass wir in einer Art Hochbahn für Fußgänger das Geschehen auf den Straßen von oben beobachten konnten.

In das eh schon laute Treiben drangen unerwartet schrille Rufe, die bei den Händlern eine hektische Betriebsamkeit auslösten. Innerhalb von geschätzten dreißig Sekunden verschwanden alle Straßenstände. Die Betreiber trugen wie auf einen Befehl hin die kompletten Stände in Hinterhöfe, um sich dort zu verbergen. Von einem Moment zum anderen waren die Straßen und Gehwege vergleichsweise menschenleer. Mit Unverständnis schauten wir Pater Theo an, der mit einem Finger an das Ende der Straße deutete. Er erklärte uns, dass an den Eingängen zu den Märkten eine Art Beobachtungsposten wache ständen. Sobald die örtliche Polizei in die Nähe käme, lösten die einen Alarm aus und die Händler versteckten sich mit ihren Waren in den angrenzenden Hinterhöfen. Der Grund für dieses Handeln lag in der Illegalität dieser Straßenmärkte begründet. Sollte die Polizei dennoch Händler erwischen, ist es gängige Praxis, dass der jeweilige Stand mitsamt aller Waren einbehalten wird. Zusätzlich wird noch eine hohe Geldstrafe fällig, was letztlich den Ruin der Händler zur Folge hat.

Kaum hatte Pater Theo seine Ausführungen beendet, fuhr bereits ein Polizeimannschaftswagen langsam die Straße entlang. Nachdem der am Ende der Straße den Bereich wieder verließ, setzte das zuvor beobachtete Treiben in umgekehrter Reihenfolge wieder ein. Wie aus dem Nichts erschienen wieder alle Stände an ihrem vorigen Standort.

Mit diesen letzten interessanten Eindrücken wurde es Zeit, zum Ordenshaus zurückzukehren. An einem nahegelegenen Platz warteten unzählige Tempos auf Kundschaft. Pater Theo steuerte zügig auf eines dieser Gefährte zu und wir setzten uns gewohnt auf die Rückbank. Nach einem kurzen Gespräch zwischen Pater Theo und dem

Fahrer mussten wir wieder aussteigen. »Er sagt, dass er für die kurze Fahrt zum Ordenshaus wegen der Rushhour zu viel Zeit brauchen würde. Das bedeutet für ihn einen Verdienstausfall, demzufolge fährt er uns nicht«, erklärte Pater Theo. Immer wieder wurden wir in den darauffolgenden zwanzig Minuten von Fahrern abgelehnt, wobei manche überhaupt nicht reagierten. Letztlich fand Pater Theo nur dadurch einen bereitwilligen Fahrer, indem wir das Fünffache des normalen Fahrpreises bezahlten. Der anstehende Rückweg zeigte uns aber auch auf, dass die Fahrzeitlänge und Dichte des Verkehrs noch mal deutlich zugelegt hatte.

Im Ordenshaus konnten wir uns bis zur Abfahrt zum Flughafen um Mitternacht noch kurz hinlegen und etwas schlafen.

Das Tempo wartete bereits vor dem Tor und brachte uns pünktlich zum Chhatrapati Shivaji International Airport Mumbai. Nach den üblichen Sicherheitschecks verweilten wir die restliche Zeit im immens weiträumigen Duty-Free-Bereich.

Pater Theos Reiseplanung wich von unserer ab, sodass wir leider nicht denselben Rückflug hatten. Mit unterschiedlichen Flügen steuerten wir unser Ziel Frankfurt an, das wir am Morgen des 29. Januar 2016 um 7:17 Uhr erreichten. Vom Rückflug habe ich nicht viel mitbekommen. Völlig erschöpft war ich unmittelbar nach dem Start eingeschlafen und erst kurz vor der Landung aufgewacht. Weiter fuhren wir mit dem Zug nach Rheine, wo Mikes Mutter uns bereits überglücklich am Bahnsteig erwartete.

Vierter Teil – die dritte Indienreise

38. Was habe ich bisher erreicht

Nach unserer Rückkehr verbrachte ich die anschließenden Wochen vor allem damit, über meine Erfahrungen, Erkenntnisse, Begegnungen und die zahlreichen Eindrücke der zurückliegenden Reise nachzudenken. Natürlich verlangten meine Freundinnen, Mikes und meine Familie eine ausführliche Berichterstattung, wobei ich diesem verständlichen Wunsch zunächst zu entgehen versuchte. Zu sehr war ich damit beschäftigt, die Ergebnisse der Reise zu sortieren, mit alten Informationen abzugleichen und vor allem mit mir selbst aufzuarbeiten. Endlich wusste ich, wer meine Eltern und Geschwister waren, wo ich geboren wurde, in welchem Heim ich wie und vor allem warum abgegeben wurde.

Ich kam nach und nach mit mir und meiner Lebensgeschichte ins Reine und der Alltag ergriff immer mehr Besitz von mir. Mehrfach trafen Mike und ich uns mit Pater Theo. Der Kontakt zu Sunil und Kunal via WhatsApp und Facebook gehörte zu einem festen Bestandteil meines Alltags. Neben Bildern tauschten wir natürlich ebenso Ereignisse aus dem Alltag aus, wodurch ich das Gefühl hatte, immer eng bei meiner indischen Familie zu sein. Es folgten unregelmäßige Telefonate mit Sheetal, die mich ungemein erheiterten, was letztlich auch daran lag, dass wir versuchten, uns in einem Gemisch aus Deutsch, Englisch und Hindi zu verständigen.

Nein, ich war völlig zufrieden und glücklich!

Diese Unbeschwertheit wollte ich unbedingt an Gulmat weitergeben, und wir überlegten, was wir für sie tun könnten. Letztlich lieferte ein kleiner Wink von Pater Theo die Idee, Gulmat bei dem Neubau ihres Hauses zu unterstützen. Nach langem Hin und Her entschieden wir uns dazu, Gulmat per Western Union Geld für den Neubau zukommen zu lassen. Auf Pater Theos Rat hin wollten wir immer Teilbeträge überweisen, sodass letztlich das Haus finanziert werden konnte. Da Gulmat und meine Geschwister weder über Ausweispapiere, geschweige denn über Bankkonten verfügten, erklärte sich Sunil bereit, das Geld zu empfangen und zu verwalten. Diese Vorgehensweise schlug vor allem Pater Theo vor, dem der Umgang ärmerer Inder mit Geld nur zu bewusst schien. Zu diesem Zeitpunkt waren uns die noch kommenden Probleme völlig fremd. Voller Tatendrang berichtete ich meiner Familie von meiner Idee, was dazu führte, dass meine Eltern, meine Tanten, ja sogar mein Bekanntenkreis Geld für diesen Zweck beisteuerten. Nach kurzer Zeit hatten wir das nötige Geld, zweitausendachthundert Euro, beisammen und die Überweisungen erfolgten in regelmäßigen Abständen auf Sunils Konto.

Wie bei unserem Abschied versprochen, wollte ich so schnell wie möglich erneut nach Indien, weshalb Mike und ich bereits rechtzeitig mit den Planungen begannen. Rasch einigten wir uns auf den Reisezeitraum 19. Januar 2017 bis 27. Januar 2017, wobei ich entgegen der vergangenen Reise dieses Mal unbedingt über Delhi fliegen wollte. Natürlich hatte die Reise völlig andere Zielsetzungen, doch ich wollte, nein, ich musste wenigsten ein Mal in meinem Leben zum Taj Mahal nach Agra.

»Ach Isabel, es ist nur ein Gebäude«, hatte ich Pater Theos Worte noch im Ohr. Doch ich war fest entschlossen, dieses Gebäude auf jeden Fall zu besuchen. Aus diesem Grund planten wir unsere Reise von Frankfurt nach Delhi mit einem mehrtägigen Aufenthalt und anschließender Reise nach Raigarh. Mike schlug vor, dass wir dieses Mal die knapp zweihundert Kilometer lange Strecke nicht mit dem Zug von Raipur nach Raigarh fahren könnten, sondern mit einem Auto. Auf diese Weise wären spontane Stopps machbar, um noch mehr vom authentischen Indien zu entdecken. Innerhalb kürzester

Zeit buchten wir die Flüge, die Hotels und vor allem den Tagesausflug zum Taj Mahal. Sunil, dem wir ebenfalls rechtzeitig unsere Pläne mitteilten, kümmerte sich um das Mietauto.

In unregelmäßigen Abständen erhielt ich einige Bilder und Berichte vom Fortgang des Hausbaus. Alles lief offenbar, bekräftigt durch Aussagen von Sunil, ohne Probleme, weshalb ich mir auch keine Sorgen machte. Ohne herausragende Geschehnisse neigte sich das Jahr 2016 rasch seinem Ende.

Rückblickend war dieses Jahr für mich eines der entspanntesten seit ungemein langer Zeit. Keine quälenden Fragen, keine Träume von meiner Mutter ohne Gesicht, nur die Gewissheit über meine Abstammung. Wenn mich fremde Personen nun fragten, woher ich stammte, hatte ich jetzt eine Antwort. Ich reagierte nicht mehr gereizt und aggressiv, sondern gelassen und entspannt.

39. Kinderheim Delhi

Wie ein Jahr zuvor begann auch diese Reise früh morgens am Bahnhof von Rheine. Die Zugfahrt nach Frankfurt und der anschließende Flug nach Delhi vergingen rasch und unaufgeregt. Pünktlich um ein Uhr Ortszeit landeten wir in der Nacht in Delhi. Die schier unvorstellbare Ausbreitung dieser Stadt, kündigte sich wieder bereits lange vor der Landung durch das bekannte immense Lichtermeer an.

Kaum hatten wir das Flugzeug verlassen, umströmten unsere Sinne erneut die typischen Gerüche und Laute. Zielstrebig steuerten wir auf den Ausgang des Flughafens zu, nicht ohne zuvor Euros in Rupien zu wechseln. Dieser Wechsel unterlag jedoch anderen Regeln als ein Jahr zuvor. Quasi über Nacht wurden in Indien im November 2016 alte indische Rupienscheine wertlos. Zwar konnten diese alten Scheine gegen die neuen Banknoten eingetauscht werden, jedoch waren die limitiert. Auch Touristen spürten diese Regelung, wodurch der Geldwechsel nur beschränkt ermöglicht wurde. Die Folge für uns und für viele andere auch bestand darin, dass uns nur limitierte Barmittel zur Verfügung standen. Zunächst noch kein tatsächliches Problem, was sich aber noch ändern sollte.

Vor dem Eingang des Flughafens erwartete uns bereits ein Fahrer des ›Holiday Inn‹, der uns rasch zum Hotel brachte. Wieder schien Mike im Laufe der Fahrt von der enormen Anzahl der Menschen, der Fahrzeuge, der Tiere und der hektischen Betriebsamkeit wie gefangen. Das Einchecken verlief ohne Probleme, sodass wir bereits um halb drei Uhr im Bett lagen und nach einer kurzen Info an unsere Eltern erschöpft einschliefen.

Nach einigen Stunden tiefen Schlafs wachte ich im späten Vormittag ausgeruht auf. Zunächst hatten wir uns für diesen ersten Tag in Delhi nichts Genaues vorgenommen, sodass ich überlegte, was wir unternehmen könnten. Noch während ich einige Ideen im Kopf durchging, hörte ich Mike fragen »Was machen wir heute? Ich finde, es ist doch eine gute Idee, wenn wir zum Kinderheim fahren, von dem dich deine Eltern damals abgeholt haben. Was hältst du davon?«

Irritiert von dieser Frage fielen mir unvermittelt meine ersten Erfahrungen an diesem Heim ein. Abweisend, ignorant und verschlossen. Nein, dazu hatte ich nicht unbedingt Lust.

Letztlich gelang es Mike, mich vom Gegenteil zu überzeugen, sodass wir in der Lobby nach einem Fahrer fragten. Überaus interessiert unterstützte uns der Concierge bei diesem Vorhaben. Da mir ausschließlich der Name des Heims im Gedächtnis war, ermittelte er die Anschrift und kündigte zudem unseren Besuch telefonisch an. Besser hätten wir es nicht treffen können. Unser Fahrer fuhr uns durch den erfreulich geringen Verkehr der Straßen von Neu Delhi. Mike bemerkte zu seinem Erstaunen, dass die Straßen und Wege praktisch müllfrei waren. Kein Vergleich zu den Straßen in Mumbai, Raipur oder Raigarh. Affen tobten in dichten Parkanlagen entlang der Straßen und die heiligen Kühe beanspruchten ebenso ihren Platz inmitten des Verkehrs.

Nach ungefähr neunzig Minuten endete unsere Fahrt vor einem dunklen Tor in einer kleinen Seitenstraße, der 12, Commissioner Lane. Eingebettet in einer ruhigen und gehobenen Wohngegend erkannte ich das Heim und das schwarze Gittertor sofort wieder.

Aufgeregt und angespannt beobachtete ich einen älteren Mann, der das Tor öffnete, sodass unser Fahrer mit dem PKW, deren Türen das Logo des Hotels erkennbar zierten, auf das Gelände fahren konnte. Freundlich begrüßte er uns, nachdem er zuvor einige Worte auf Hindi mit dem Fahrer wechselte. Irritiert durch die erneuerte Außenfassade, folgten wir dem Mann in das Heim, wo er bat, uns mit Namen, Telefonnummer und den Grund des Besuchs in ein schweres schwarzes Buch einzutragen. Aus dem Untergeschoss vernahmen wir Kinderlieder. Bis zum Eintreffen einer Schwester der M.o.C. vergingen einige Minuten.

Abb. 48 Tor am Kinderheim in Delhi

Mit »Namaste« begrüßte uns die offensichtlich noch sehr junge Ordensschwester, um uns anschließend ohne weitere Erklärungen in das Innere des Heimes zu führen. Ich erklärte der Schwester den Grund meines Besuches, wobei ich zusätzlich auf meinen ersten Besuch verwies. Verständnisvoll nickend, führte sie uns in einen Raum mit zahlreichen kleinen Kinderbetten, in denen Kinder ruhig schliefen. Von Fotos her schienen mir diese Betten bekannt vorzukommen, was die Ordensschwester bestätigte. Seit meiner Vermittlung an meine Eltern wurden diese Betten nicht ausgewechselt.

Bewegt fasste ich mit meinen Händen eines dieser Bettchen an, mit dem Gedanken an die geringe Chance, dass ich einmal in genau diesem Bettchen gelegen haben könnte. Während ich immer noch von diesem Gedanken gefangen war, führte uns die Schwester weiter durch das Heim, wobei sie uns Zimmer mit weiteren Kindern, die Küche und Klassenräume zeigte. In einem speziellen Raum erhielten körperlich behinderte Kinder durch eine weitere Ordensschwester offenbar eine Bewegungstherapie. Insgesamt wirkte das Heim mit den Ordensschwestern, im Gegensatz zu meinem ersten Besuch, aufgeschlossen und offen auf mich.

Abb. 49 Hof des Kinderheims in Delhi

Schließlich gelangten wir über den Hof zur Kapelle. Die hatte sich seit 2007 nicht verändert. Nachdem wir unsere Schuhe ausgezogen hatten, betraten wir den immer noch karg wirkenden Innenraum und verweilten einige Minuten. Bereits jetzt wurde mir bewusst, dass dieser Besuch immens bedeutend für mich war. Ich konnte Erinnerungen positiv verknüpfen und damit abschließen.

Mit der Bitte, einige Erinnerungsfotos machen zu dürfen, wandte ich mich abschließend an die Ordensschwester. Nach kurzer Überlegung stimmte sie meiner Bitte lächelnd zu, bevor sie sich mit »You are always welcome in Delhi« von uns verabschiedete. Trotz des vergleichsweise kurzen Aufenthaltes hier war dieser Besuch überaus wertvoll für mich. Im Laufe der Rückfahrt dachte ich viel über die Eindrücke nach. Aufgeregt, aber mit einer klareren Sicht auf die Geschehnisse fühlte ich mich gefestigter. Den verbleibenden Abend verbrachten Mike und ich im Hotel, wo wir in der Hotelbar noch lange unsere Gedanken zum Besuch austauschten.

40. Taj Mahal und Sightseeing Delhi

Der Vollständigkeit halber möchte ich nur kurz auf unseren Besuch des Taj Mahal und eine Sightseeingtour durch Delhi eingehen. Um drei Uhr, also früh am Morgen des 21. Januar 2017, bestiegen wir den gebuchten PKW zum Taj Mahal. In den nächsten knapp drei Stunden führte uns unsere Fahrt über die neu errichtete Schnellstraße in Richtung Agra, wo wir auf unseren Guide Ahmit trafen.

Ahmit begrüßte uns in erstaunlich perfektem Deutsch. Die deutsche Sprache hatte er sich nach eigenen Angaben selbst beigebracht, wobei er die Touren dazu nutzte, um sein Studium an einer Universität in Agra zu finanzieren.

Abb. 50 Mein Wunsch ging in Erfüllung. Ich am Taj Mahal

Bevor wir das Gelände zum Taj Mahal betreten konnten, kaufte Ahmit die Eintrittskarten. Ordentlich nach Geschlechtern getrennt standen wir in einer langen Schlange vor dem Eingangstor an. Überwacht von Polizisten, bewaffnet mit Maschinenpistolen und Gewehren, durchliefen wir eine kurze, aber dennoch intensive Einlasskontrolle.

Abb. 51 Ahmit und Mike vor dem Betreten des Taj Mahal

Der Bereich vor dem Taj Mahal füllte sich rasch mit zahllosen Besuchern, die staunend und begeistert den Sonnenaufgang über der Kuppel des Taj Mahal beobachten. Ahmit sprudelte mit seinem Wissen über das Grabmal nur so heraus, dass wir bereits nach kurzer Zeit über ein ausreichendes Hintergrundwissen verfügten. Natürlich mussten wir die üblichen Touristenfotos machen, bevor wir uns weiter in das Innere begaben. Aufwendige Steinmetzarbeiten, deren

Besonderheit Ahmit wiederholt hervorhob, zierten das gesamte Gebäude.

Bis ungefähr Viertel nach zehn verweilten wir am Taj Mahal, bevor Ahmit uns wieder zum Auto führte. Jetzt begann für uns der nicht erwartete, unangenehme Teil des Ausflugs.

Nach einigen hundert Metern Fahrt hielten wir bei einem Steinmetz, der uns ausführlich die Entstehung der zuvor besichtigten Steinmetzarbeiten erläuterte. Natürlich stand dieser Steinmetz in einer langen Ahnenreihe mit denen, die die Arbeiten am Taj Mahl seinerzeit durchgeführten. Nur unter höchsten Anstrengung und wohlgewählten Worten gelang es uns, die Anwesenden davon zu überzeugen, dass wir nichts kaufen möchten.

Froh, diesen Ort verlassen zu haben, führte uns der weitere Weg jedoch zu einem weiteren Händler. Sehr bestimmt konnten wir hier wieder unser nicht vorhandenes Kaufinteresse bekunden, was letztlich dazu führte, dass wir ohne weitere Umwege den letzten Punkt der Tour, das Red Fort Agra, erreichten. Auch hier überzeugte Ahmit mit umfassenden Kenntnissen zur Geschichte und Entstehung des Forts zu. Unser Aufenthalt im Fort war durch Ahmit, der an diesem Tag noch weitere Touren zu betreuen hatte, eng umgrenzt.

Nach einer guten Stunde erreichten wir bereits wieder den Ausgang, wo sich Ahmit von uns verabschiedete. Eigentlich war jetzt noch ein Mittagessen in Agra geplant, doch dazu hatte ich keine Lust mehr. Freundlich baten wir den Fahrer, uns direkt wieder nach Delhi zu bringen, der unseren Wunsch verständnisvoll akzeptierte.

Gegen halb eins Uhr fuhren wir zurück nach Delhi, wo unsere Tour gegen vier Uhr an unserem Hotel endete. Rückblickend war das Taj Mahal für mich ein Highlight der Reise. Ich erfüllte mir einen Herzenswunsch, den die zusätzlichen Erfahrungen nicht trüben konnten. Sollte ich allerdings noch einmal zum Taj Mahal reisen, werde ich sicherlich nicht erneut eine solche Tour in Anspruch nehmen.

Unseren Abschluss in Delhi stellte eine geplante Sightseeingtour am 22. Januar 2017 dar. Dabei steuerten wir neben dem Regierungsviertel, den Botschaftsdistrikt und das Mahatma Gandhi House auch das Weltkulturerbe an, das Qutb-Minar. Dieser Turm zählt auch heute noch zu den höchsten Turmbauten der islamischen Welt. Gerne hätten wir noch mehr von Delhi gesehen, jedoch ließ unsere Zeit dieses nicht zu. Viel zu rasch neigte sich der Tag seinem Ende und für uns hieß es noch Rucksäcke packen.

41. Unser zweiter Besuch bei Gulmat

Früh am Morgen des 23. Januar 2017 fanden wir uns im Inlandsflughafen von Delhi ein. Rasch erledigten wir die notwendigen Formalitäten, durchliefen die Sicherheitspassagen und checkten ein. Es verblieb noch ein wenig Zeit für einen Kaffee und einen Cappuccino. Mike bestellte die Getränke an einer im Duty-Free-Bereich gelegenen Kaffeebar und wollte die mit einem Zweitausend-Rupien-Schein, umgerechnet circa fünfundzwanzig Euro bezahlen. Hier stießen wir zum ersten Mal auf die Folgen der schon erwähnten Entwertung der alten Banknoten. Freundlich wies uns die Servicekraft darauf hin, dass sie nicht genügend kleinere Wechselscheine hätte, und bat uns mit einem kleineren Schein zu bezahlen. Da auch wir keine kleineren Scheine besaßen, blieb uns nur noch die Alternative, die Getränke mit Kreditkarte zu bezahlen. In diesem Moment ahnten wir noch nicht, wie sich dieses Geldproblem in den kommenden zwei Tagen noch steigern würde.

Der Flug nach Raipur verzögerte sich zwar um neunzig Minuten, die wir in der Maschine wartend verbrachten, verlief aber völlig entspannt, sodass wir schließlich um elf Uhr landeten. Vorm Flughafengebäude warteten bereits Sunil und Ravi, die uns herzlich und für Inder untypisch, überschwänglich begrüßten und fest umarmten. Beide hatten sich ungemein chic angezogen und Ravi küsste mir zur Begrüßung die Stirn. In diesem »Hallo« hielt unser Fahrer mit seinem PKW neben uns. Auf mein freudiges »Namaste« reagierte er mit einem leicht brummeligen »Welcome to India!«, wobei sich seine Laune im Laufe der vor uns liegenden circa fünfstündigen Fahrt auf jeden Fall hob. Rasch luden wir die Rucksäcke in den Kofferraum und machten uns auf den Weg.

Abb. 52 Auf dem Weg nach Raigarh

Zu meiner Überraschung erklärte Sunil, dass wir zunächst Sheetal treffen würden, die sich mit mehreren Tausend Gläubigen in einem Randbezirk von Raipur zu einem neuntägigen Betmarathon zusammengefunden hatte. Die Fahrt vom Flughafen bis zum Betgelände dauerte geschätzte zwanzig Minuten, wo wir neben Sheetal noch auf unzählige meiner Cousinen und Cousins trafen. Entsprechend groß war das Willkommen, das jedoch unter dem Eindruck des Betens überaus zurückhaltend ablief.

Umringt von unzähligen Menschen schien mal wieder Mike reges Interesse hervorzurufen. Als ob es erst gestern war, musste abermals Sunil unzählige Fragen beantworten; Mike und ich wurden zu begehrten Fotoobjekten. Ohne es zunächst zu bemerken, änderte sich die Situation auf dem Gelände für uns schlagartig. Wie aus dem Nichts standen unerwartet mehrere weibliche und männliche Sicherheitsleute um uns herum, die in einem offensichtlich barschen und deutlichen Ton die Anwesenden zurechtwiesen. Schlagartig verschwanden die Kameras und Handys in den Taschen der jeweiligen

Besitzer. Sunil erklärte, dass das Fotografieren auf dem Gelände verboten sei. Überdies sollte vor allem Mike, als offensichtlicher Nicht-Hindu, das Gelände verlassen. Natürlich beugten wir uns diesem nachdrücklichen Wunsch, verabschiedeten uns von Sheetal und verließen das Gelände.

Zu Beginn führte uns die Fahrt über die Schnellstraße NH53 durch den indischen Bundesstaat Chhattisgarh. Die Häuser und Hütten von Raipur verschwanden nach und nach aus unserem Blickfeld und wurden durch typische Reisfelder, kleineren Dörfern sowie Wäldern abgelöst. Überraschenderweise verließ unserer Fahrer hier und da die Schnellstraße, um angrenzende Feldwege und Schotterstraßen zu nutzen. Für uns eine erstklassige Chance, tiefer in die Landschaft einzutauchen. Gelegentlich begleiteten für kurze Zeit Affenhorden unsere Fahrt, die durch die angrenzenden Büsche tobten. Auffällig blitzten bunte Saris der Landfrauen auf den Reisfeldern auf. An nicht existierenden Auffahrten ging es wieder zurück auf die Schnellstraße. Verwundert schauten wir nach dem dritten botanischen Ausflug Sunil an, glaubten wir doch zunächst noch daran, dass uns der Fahrer mit diesen Ausflügen einen Gefallen tun wollte.

Sunil grinste »Bye, bye toll tax.«

Okay, unser romantisches Bild schwand mit diesem banalen Grund dahin. Maut zahlten wir nur an den Stellen, an denen ein Umfahren unmöglich schien. Letztlich endete die NH53 und wir setzten unseren Weg über unbefestigte, jedoch offizielle Straßen durch Gomarda, den indischen Urwald, fort. Holprig fuhren wir Serpentinen hoch und runter, vorbei an dichter Vegetation, ohne wildlebende Tiere erkennen zu können. Nach circa zweistündiger Fahrt lief der dichte Dschungel langsam wieder in die bekannte flache und spärliche Landschaft aus, in deren weiteren Verlauf wir den Mahanadi River überquerten. Eine ungemein lange Brücke lag vor uns, deren Befahren ebenfalls Maut kostete.

»No other way?«, fragte Mike leicht schmunzelnd, woraufhin der Fahrer und Sunil laut lachten. Wir durchquerten noch mehrere kleinerer Dörfer, bevor wir letztlich nach ungefähr fünfstündiger Fahrt die Türme der Erzfabrik von Raigarh erblickten und gegen fünf Uhr Gulmats Haus erreichten.

Gulmat und Chandrakantha erwarteten uns bereits vor dem Grundstück mit einer mir bis dahin fremden weiblichen Person. Mit Tränen und freudigem Lachen schloss mich Gulmat sofort in die Arme. Umringt von Sunil, Ravi, Chandrakantha und Kunal deutete Gulmat auf die Frau an ihrer Seite.

Abb. 53 Arjuns Sohn – Chandrakantha – Kunal – Sita – ich – Sardar – eine Nachbarin – Gulmat und Ravi

»Sita! Sita!« Sofort nahm ich meine älteste Schwester in den Arm und hielt sie ganz fest. Ihr gelber Sari leuchtet hell auf ihrer ungemein gebräunten Haut, die sich derb und trocken anfühlte. Auffällig goldener Ohrschmuck sowie ein typischer goldener Nasenstecker zierten ihr Gesicht. In etwas Distanz bemerkte ich hinter Sita einen stattlichen Mann mit Bart und einem schwarzen Turban. Sardar, Sitas Mann, stellte ihn Sunil vor. Ohne zu zögern zog ich ihn zu Sita und mir, sodass wir uns zusammen umarmen konnten. Ich freute mich ungemein über dieses Treffen, da es auf keinen Fall selbstverständlich war. Sita wohnte mit ihrem Mann, drei Kindern und zwei Enkelkindern auf einer kleinen Farm, circa einhundert Kilometer von Raigarh entfernt. Mit einem in Indien typischen Motorrad reisten beide am Morgen an, nur um mich zu sehen. Ohne Rücksicht auf ihr eigenes Hab und Gut, ließen beide für zwei Tage ihre Farm völlig unbeaufsichtigt, da auch ihre Kinder und Enkel wegen Arbeit und Schule nicht vor Ort sein konnten.

Unsere Begrüßung und Freude durchdrang Mike mit seiner Frage nach Arjun. Auch mir fiel jetzt erst auf, dass weder er noch seine Frau anwesend schienen. In den Gesichtern aller Anwesenden spürte ich eine gewisse Spannung, die ich in diesem Moment nicht einordnen konnte. Sunil deutete kurz und knapp an, dass sich beide auf der Beerdigung eines Onkels befänden, um im nächsten Moment wieder vom Thema abzulenken, indem er auf das neue Haus von Gulmat zeigte. Diese Erklärung ohne weitere Nachfrage akzeptierend, wanderte mein Blick über das Grundstück.

An jener Stelle, an der sich im vergangenen Jahr noch ein kleiner freier Platz zwischen Arjuns und Gulmats Häusern befand, erstreckte sich jetzt Gulmats neues, zweiräumiges Haus.

Gulmats beschädigtes Haus indes wich einem Rohbau, der schnellstmöglich für Sheetal fertiggestellt werden sollte, da sie sich in Trennung zu ihrem Ehemann befand. Positiv überrascht und beeindruckt, was meine Geschwister und Gulmat mithilfe des Geldes eigenhändig bewerkstelligt hatten, folgte ich Gulmat in ihr Haus. Mir fielen sofort wieder die abenteuerlichen Verkabelungen an den Wänden und der Decke auf. An Drähten befestigt hing eine einzelne Glühbirne, die jedoch nur sporadisch funktionierte, mittig im Raum von der Decke.

Abb. 54 Gulmats neue Küche

Gulmat reichte uns eine geschälte Apfelsine mit Chai-Tee aus weißen Teetassen. In diesem Moment wirkte sie überglücklich auf mich. Für mich schien der geeignete Zeitpunkt gekommen, Gulmat zu bitten, mich am nächsten Tag zum Kinderheim nach Raigarh zu begleiten. Dieser Wunsch, das Kinderheim noch einmal zu besuchen, war Folge des Besuchs des Kinderheimes in Delhi. Auffällig emotional lehnte Gulmat allerdings ab, was ich ohne weitere Nachfrage akzeptierte. Für uns wurde es allmählich Zeit, zum Hotel zu fahren, weshalb Sunil ein Tempo organisierte.

Nach einer kurzen Verabschiedung fuhren wir zusammen mit Sunil zum Hotel, wo uns der Concierge fast wie im vorherigen Jahr mit den Worten »You are booking dot com« begrüßte. Hierbei lächelte er freundlich und zu unserer Überraschung schienen uns weitere Pagen ebenfalls nicht vergessen zu haben. Müde und verschwitzt beendeten wir den Abend nach einer ausgiebigen Dusche im Hotelrestaurant.

42. Kinderheim Raigarh

Am frühen Vormittag des 24. Januar 2017 fuhren wir erneut mit Sunil zu Gulmat. Während Mike mit Ravi und den Kindern tobte, unterhielt ich mich lange mit Gulmat und Sita über den Tag, an dem sie mich zusammen mit Sonkunwer zum Kinderheim brachten. Was ich hierbei erfuhr, deckte sich mit meinen Erkenntnissen aus dem vorherigen Jahr, keine Abweichungen oder Ungereimtheiten trübten meine bisherigen Recherchen. Sita übergab mir im Laufe unserer Unterhaltung eine Krankenakte von Gulmat aus dem Jahr 2016. Natürlich konnte ich nichts lesen, einzig eine winzige Kleinigkeit fiel mir auf. Die Personalangaben zu Gulmat waren in englischer Sprache verfasst, wobei ihr Alter mit fünfundfünfzig Jahren angegeben wurde. Dieses Alter passte für mich überhaupt nicht, wenn man bedenkt, dass sowohl Arjun und auch Sita über fünfundvierzig Jahre alt sein mussten. Erneut musste ich feststellen, dass bis vor nicht allzu langer Zeit, Alter und Geburtsdaten einfach nicht erfasst wurden. Leicht zweifelte ich an meinem festgelegten Geburtsdatum, ohne aber weiter darüber nachzudenken.

Zusammen gingen wir in den hinteren Teil des Grundstücks zu den anderen. Mike musste sich in diesem Moment zum wiederholten Male mit allen fotografieren lassen. Abwechselnd stand er mit Sunil, Ravi, Sardar, Chandrakantha und nun auch mit Gulmat Sita und mir in unterschiedlichsten Zusammensetzungen vor den Handykameras. Alle wollten Bilder mit uns, die anschließend stolz untereinander gezeigt wurden.

Ich schaute mich um und versuchte, Arjun zu finden. Sunil winkte auf meine Frage rasch mit den Worten »He is at work with his wife and they stay at wife's brother's house« ab. Jetzt wurde ich doch stutzig, fragte jedoch nicht weiter nach. Deutlich erkennbar schien es mit

Arjun ein Problem zu geben, das jedoch unbedingt vor uns verborgen bleiben sollte. Als sei es geplant, lenkte Ravi meine Gedanken ab, indem er uns, zu meinem Erstaunen, ein Moped zeigte. Das hatte er erst vor Kurzem gekauft, wohlwissend, dass er keinen Führerschein besaß. Auf die Frage, was bei einer Polizeikontrolle passierte, lachten die Männer und machten mit den Händen das Zeichen für Geld. »We pay the policeman some money and then we can drive«, fügte Sunil hinzu.

Schnell wurde mir bewusst, dass Ravi das Moped von meinem Geld gekauft haben musste. Leicht verstört schaute ich Mike an. »Lass ihn doch. Es bedeutet auch Unabhängigkeit und Mobilität für die komplette Familie.« Von der Seite hatte ich das zunächst nicht gesehen, konnte mich aber durchaus mit dem Gedanken anfreunden.

Sita trat mit Sardar an meine Seite und nahm mich in den Arm. Langsam wurde es Zeit für sie, den Heimweg anzutreten, um auf jeden Fall noch vor der Dunkelheit zurück zu sein.

Abb. 55 Mike – Lakshmikanth – Gulmat – Sita – Chandrakantha – Sardar

Letztlich wühlte in Sardar auch eine gewisse Unruhe, da sie ihre kleine Farm ohne Schutz zurückgelassen hatten. Sardar war eine bemerkenswerte Persönlichkeit und hielt den Abschied bewusst kurz, um nicht zu viele Emotionen zuzulassen.

Mit einem Lächeln und zwinkernden Auge schwang er sich auf sein Moped und Sita nahm hinter ihm, mit beiden Beinen auf einer Seite, Platz. Ohne noch einmal den Blick in unsere Richtung zu schwenken, fuhr er laut knatternd die holprige Straße in Richtung Stadtrand davon.

»Now we can go«, sagte Sunil in meine Richtung und wartete nur noch auf eine Bestätigung. Unseren Besuch im Kinderheim hatte er tags zuvor bereits bei den Schwestern angefragt. Rasch telefonierte Sunil und keine fünf Minuten später hielt ein Tempo vor dem Grundstück. Zu meiner Freude entschloss sich Gulmat doch dazu, uns zu begleiten. Wir zwängten uns mit Gulmat, Ravi und Sunil in das Gefährt, wobei ich während der zehnminütigen Fahrt versuchte, mir genau vorzustellen, wie uns damals Gulmat zu Fuß zum Kinderheim gebracht hatte. Durch meine Gedanken abgelenkt stoppte die Fahrt für mich unverhofft vor einem verschlossenen blauen Tor, auf dessen Begrenzungspfeiler jeweils ein ausladendes weißes Kreuz thronte.

Sofort erkannte ich dieses Tor in der Rambhata Road, der Anschrift des Kinderheims, von meiner ersten Indienreise wieder. Vermutlich vom lauten Tuckern des Tempos verständigt öffnete uns eine, in typischer Ordenstracht gekleidete, Ordensschwester der M.o.C. das Tor.

Freundlich stellte sie sich als Schwester Neena vor und nahm sofort Gulmat und auch mich in den Arm. Gulmat freute sich ungemein, Schwester Neena zu sehen, war sie es doch, die 2015 Gulmat die Nachricht über meinen Werdegang überbracht hatte.

Abb. 56 Erneut am Kinderheim in Raigarh

Im Umkehrschluss handelte es sich auch um ihren Bericht über meine Familie, der mich im August 2015 über Bischof Dr. Felix Genn erreichte. Ein weiterer Kreis schloss sich für mich. Schwester Santivini, eine Ordensoberschwester, trat zu uns und begrüßte uns ebenfalls überaus herzlich. Immer wieder erwähnte sie, mit leichten Tränen in den Augen, freudig, dass Gott uns wieder zusammengeführt habe. Ich wollte nicht unhöflich sein, weshalb ich diese für mich schreckliche Aussage nicht kommentierte. Im Nachhinein betrachtet, war ich sogar gefühlt etwas abweisend den Schwestern gegenüber, was nicht zuletzt aus den zurückliegenden Erfahrungen resultierte.

Meine Augen wanderten unablässig über das Grundstück. Ich erkannte mehrere neue Gebäude und einige wenige ältere. Schwester Santivini erklärte uns in englischer Sprache, dass zurzeit keine Kinder im Kinderheim lebten. Grund hierfür seien die fast abgeschlossenen Renovierungsarbeiten. Mit strahlenden Augen deutete sie auf ein altes Gebäude. Hier sollte ich ihren Angaben zufolge gewohnt und gespielt haben.

Gespielt haben?

Innerlich schoss in mir die Wut hoch. »Wie soll ich denn mit nicht einmal zwei Monaten gespielt haben?«, grummelte es aus mir heraus. Mike lächelte. »Lass sie doch in dem Glauben«.

Nein, für mich stand ab diesem Zeitpunkt fest, dass Schwester Santivini nicht im Entferntesten wusste, um wen es sich bei mir handelte. Von da an folgte ich ihren Ausführungen nur noch oberflächlich.

Unsere Führung über das Gelände endete letztlich ohne weitere Erkenntnisse vor einem bedeutsamen Raum. Schwester Santivini bot uns freudig an, dort einen kleinen Gottesdienst mit den Schwestern zu feiern.

Abb. 57 Schwester Santivini – Ravi – ich – Gulmat – Sunil und Schwester Neena beim Gottesdienst

Noch bevor ich antworten konnte, stimmte Mike dieser Bitte für mich völlig überraschend zu. Ebenso überraschend wollten auch Gulmat und Ravi, waren sie doch praktizierende Hinduisten, dem Gottesdienst beiwohnen. Wir zogen die Schuhe aus und betraten den

Gebetsraum. Auf dem Boden lagen vier gleiche lilafarbene Teppiche, an den Wänden hingen zahlreiche Bilder und Kreuze. An der Stirnseite stand ein kleiner, bescheiden dekorierter Altar. Schwester Santivini begann den Gottesdienst, den wir zusammen sitzend auf grauen Plastikstühlen vollzogen, mit einem kurzen Gebet. Auf Hindi und Englisch wechselten sich in den nächsten dreißig Minuten Gebete, Lieder und Fürbitten ab.

Gespannt beobachtete ich immer wieder Gulmat und Ravi. Oft schien Gulmat, bemüht das nicht offen zu zeigen, leicht zu weinen. Ravi fühlte sich merklich wohl und brachte sich vor allem bei den Liedern auf Hindi leidenschaftlich ein. Trotz der doch angenehmen Stimmung widerstrebten mir die oftmals wiederholten Phrasen von Schwester Santivini, dass uns Gott zusammengeführt habe. Nein, damit wollte ich mich nicht anfreunden.

Nach dem Gottesdienst baten uns die Schwestern in einen weiteren Raum, wo auf uns bereits ein mit Kaffee, Tee und Gebäck gedeckter Tisch vorbereitet wartete. Jetzt schien es an der Zeit, dass Gulmat und ich den Schwestern unsere zurückliegenden Erkenntnisse berichteten. Überaus erschrocken zeigten sich die Schwestern vor allem von den vielen Unwahrheiten, wie zum Beispiel Gulmats Tod, die mir durch die M.o.C. sowohl in Briefen, wie auch bei meinem ersten Indienbesuch 2007 mitgeteilt worden waren. Ebenso konnten sie nicht nachvollziehen, wie es zu dieser demütigenden Behandlung Gulmats kurz nach unserer Abgabe im Heim kommen konnte.

Gulmat umgab im Laufe ihrer Ausführungen wieder diese gewisse Größe und Stärke, wie wir sie bereits bei unserem ersten Treffen bemerkt hatte. Von Tränen gerührt und ehrliche Schuldgefühle bekundend, baten die Schwestern, die natürlich nicht verantwortlich für die Vorgänge zeichneten, mehrfach um Vergebung. In diesem extrem emotionalen Moment schaute Mike uns der Reihe nach an, lächelte und sagte: »Gulmat hat dich damals hier abgegeben und heute holt sie dich wieder nach Hause«.

Nachdem Sunil das auf Hindi übersetzt hatte, nickte Gulmat zustimmend, stand auf und nahm die Schwestern in den Arm. Auch ich fand diese Einschätzung überaus passend, wodurch ich wenigstens in diesem Moment meinen inneren Frieden machen konnte. Es folgten noch einige Fotos mit den Ordensschwestern, bevor sie Mike und mir zum Abschied jeweils eine Kordel mit einem silbernen ovalen Anhänger, dem Abbild der betenden Mutter Teresa, anzogen.

Es war bereits früher Abend, als wir das Kinderheim wieder verließen. Gulmat bat im Laufe der Fahrt mit dem Tempo darum, an einer bestimmten Kreuzung aussteigen zu können. Sie hatte das verständliche Bedürfnis, noch ihre enge Freundin Sonkunwer zu besuchen, um von unserem Aufenthalt im Kinderheim zu berichten. Ravi und Sunil begleiteten uns zum Hotel, wo wir uns kurz frisch machten, um dann den verbleibenden Abend mit Sunil, Pratibha und Emiliana zu verbringen.

Abb. 58 Ein schöner Abend mit Pratibha – Emiliana und Sunil

Wie im Jahr zuvor bestand der Hauptteil des Abends darin, dass wir uns alle in unterschiedlichen Konstellationen fotografierten.

43. Der vorerst letzte Tag mit Gulmat

Sunil holte uns am Vormittag des 25. Januar 2017 wie gewohnt im Hotel ab. Zusammen wollten wir einige Märkte in Raigarh besuchen und einige Kleinigkeiten besorgen. Für mich war es überaus wichtig, für Sheetal eine neue Uhr zu kaufen, da es mit der Uhr, die ich ihr ein Jahr zuvor geschenkt hatte, ein Problem gab. Wie es schien, war es in Raigarh für niemanden machbar, die Batterie zu wechseln. Mehr noch, die Uhr wurde bei einem Wechselversuch quasi funktionsuntüchtig repariert.

Wir fuhren mit dem Tempo durch verwinkelte Straßen bis ins Zentrum, wo wir an einer belebten Kreuzung ausstiegen. Vorbei an kleineren Geschäften führte uns Sunil zielsicher durch schmale Gassen bis zum Markt. Wiederholt zogen mich diese kräftigen Farben magisch an. Breite, ausladende Tische mit unzähligen Schalen voller Farbpulver in unterschiedlichsten Farbtönen erstrahlten vor mir.

Abb. 59 Farbpulver

Trotz dieser Schönheit konnte ich mir zunächst keinen Reim darauf machen, wofür diese Farben verwendet werden könnten. Ich schaute zu Sunil, der erklärte, dass diese Farben vor allem bei Festen zum Färben von Straßen und Häusern verwendet würden. Visuelle Eindrücke wechselten sich laufend mit geruchlichen Eindrücken ab, wodurch ich immer tiefer von dieser fremdartigen Umgebung in den Bann gezogen wurde. Ich hätte den ganzen Tag hier verbringen und einkaufen können, wären da nicht Sunil und Mike mit ihrer Zielstrebigkeit gewesen. In einer Art Schmuckgeschäft kauften wir die Uhr für Sheetal und noch eine für Chandrakantha. Ich erwarb noch einige Bindis, Armreifen und Henna, bevor wir den Marktbesuch beendeten und zu Gulmat fuhren.

An ihrem Grundstück empfingen uns bereits Sheetal, Chandrakantha und Gulmat ungeduldig. Sheetal kam direkt auf mich zu, um mich in den Arm zu nehmen und herzlich zu drücken. Alle schienen irgendwie aufgeregt zu sein, wobei sich mir der Grund dafür zunächst nicht erschloss. Ungewohnt bestimmend drängte uns die Familie freundlich in den hinteren Bereich des Grundstücks, wo bereits Ravi, Lakshmikanth und der kleine Kunal warteten. Wir mussten uns auf bereitstehende Stühle setzen, bevor wir mit Geschenken quasi überhäuft wurden. Neben einer Hose, einem Buch, einem Schal und zwei Armreifen überreichte uns Sheetal auch noch eine Geldbörse mit fünfzig Rupien. Ich wusste nicht, was ich sagen sollte. Hin und hergerissen zwischen den Gedanken, dass sie das Geld für die Geschenke doch lieber für ihren Lebensunterhalt hätten verwenden sollen und dem Wissen, dass diese Geste ungemein wichtig für die Familie war, schloss ich alle nacheinander glücklich in den Arm.

Sunil erkannte meine Verlegenheit und versicherte mir, dass ich kein schlechtes Gewissen haben bräuchte, was mich beruhigte. Mike und ich legten Sheetal sowie Chandrakantha die Uhren um ihre Handgelenke, wobei vor allem Chandrakantha überglücklich weinte. Immer wieder erstaunlich, welch einen Stellenwert eine Uhr hier hat. Bei dem Griff in meine kleine Tasche entdeckte Sheetal die Hennatuben. Freudestrahlend fragte sie, ob ich ein Hennatattoo haben wollte. Natürlich wollte ich, worauf Sheetal für einen kurzen Moment verschwand, um anschließend mit einer jungen Nachbarin zurückzukehren. Sunil übersetzte, dass die junge Frau Megha hieße, vierzehn Jahre alt sei und sehr schöne Hennas zeichnen könne. Bevor ich mich versah, saßen Sheetal, Megha und ich in Ravis Haus und Megha bestrich mit der Paste in feinen Linien meine beiden Hände und den linken Unterarm.

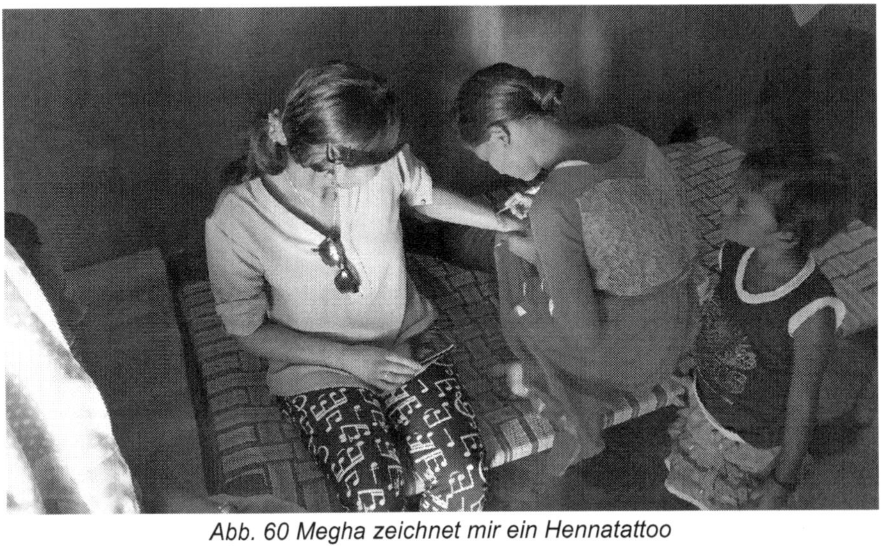

Abb. 60 Megha zeichnet mir ein Hennatattoo

Knapp eine Stunde verfolgte ich die immer dichter werdenden Linien, Bögen und Wellen, die sich zuletzt zu einem bildschönen Tattoo schlossen. Jetzt musste die Paste noch einige Zeit wirken, bevor sie mit viel Wasser, Zitrone und einer Bürste entfernt wurde.

Zum Vorschein kam ein schwaches, gelbliches Tattoo, was ich so eigentlich nicht erwartet hatte.

Sunil grinste »Tomorrow it will be darker and red.« Nun war Mike an der Reihe, wobei er darum bat, dass es nur ein kleines Motiv auf der Unterarminnenseite werden sollte. Megha ging ans Werk, um innerhalb der ersten fünf Minuten den Wunsch zu vergessen. Die Verzierungen fanden schnell ihren Weg vom Handgelenk über die Handfläche bis zu den Fingerspitzen. Ich lachte beim Anblick von Mikes immer größer werdenden Augen. Er fügte sich, um nicht unhöflich zu sein, der Kunst, was ihm letztlich im Anschluss an den Urlaub einige weitere Tage dienstfrei einbrachte, bis das Tattoo nicht mehr sichtbar war.

Megha war wirklich talentiert und ich freute mich total über mein erstes Henna.

Abb. 61 Sheetal entfernt bei Mike die Hennapaste

Der Nachmittag raste nur so dahin. Ich fühlte mich ungemein wohl bei Gulmat. Immer wieder erschienen Nachbarn, die uns einfach nur einmal sehen wollten. Natürlich durften die Fotos dabei nicht fehlen.

In diesem Hin und Her stellte mir Gulmat eine ältere kleine Frau vor, Sonkunwer.

Abb. 62 Sonkunwer und Gulmat

Ich verstand sofort, um wen es sich bei dieser Frau handelte und schloss sie fest in den Arm. Sonkunwer brachte uns nicht nur damals mit Gulmat und Sheetal zum Kinderheim, sondern war Gulmat in all den Jahren auch die beste Freundin. Oft halfen sie sich in schwierigen Lebenslagen gegenseitig und konnten viele Probleme meistern. Obwohl mir Sonkunwer anbot, alle meine Fragen zu beantworten, machte ich von dieser Gelegenheit keinen Gebrauch. Nein, ich wollte mit meinen Fragen keine alten Wunden aufreißen, zumal ich alles für mich Bedeutsame wusste.

Zusammen genossen wir einfach nur das Beisammensein. Ich fühlte mich wunschlos glücklich und geborgen. Schnell, viel zu schnell rückte der Abschied näher. Erstaunlicherweise fiel mir das Auseinandergehen nicht schwer. Gulmat, Sheetal, Ravi und die restliche Familie strahlten und lachten, niemand weinte. Sicher in der

Annahme, dass diese Trennung nicht für immer sein würde, drückte und herzte ich alle. Lange noch sahen sie Mike, Sunil und mir in dem Tempo winkend nach. Vor uns sollten jetzt ursprünglich noch ein entspannter Abend und eine Freude für Sunil liegen.

Doch es kam anders.

Für das, was Sunil im Laufe unserer Reisen alles gemacht, geplant und organisiert hatte, wollten wir uns natürlich bedanken. Wir wussten, dass diese großartige Hilfe kaum aufzuwiegen ist, und wollten ihm einen Herzenswunsch erfüllen. Zunächst wiegelte Sunil immer ab, wenn wir ihn fragten, was wir für ihn tun könnten, doch letztlich wünschte er sich ein Handy. Sunil besaß zwar bereits eines, doch das entsprach nicht im Ansatz dem Stand der Technik. Zudem wollte er das alte Handy gerne seinen Eltern überlassen, um mit denen, die einige Stunden Fahrt entfernt wohnten, einfacher in Kontakt bleiben zu können. Jetzt mag man denken, dass ein Handy nicht die Welt ist und er hatte sich auch für ein uns unbekanntes günstiges Modell entschieden, doch bei unserem ersten Stopp in einem Handyshop strahlten seine Augen immer wieder eine Handywerbung von Samsung an. Mike, der in diesen Fragen den besseren Überblick hatte, schlug mir vor, dass wir zu einem in der Nähe ansässigen Samsung-Shop fahren sollten, den er bei unserem vorherigen Bummeln bemerkt hatte. Nur zögerlich und überaus schüchtern stimmte Sunil diesem Vorschlag zu. Da wir ungefähr wussten, was Sunil monatlich als Lehrer verdiente und sich die Preise der Handys kaum von denen in Deutschland unterschieden, war so ein Handy für Sunil nicht erschwinglich. Eins Komma fünf Monatsgehälter hätte er für ein solches Handy investieren müssen.

Immer wieder fragend, ob es wirklich möglich sei, deutete er letztlich zögernd im Samsung-Shop auf ein weißes Modell. Mit Hinblick auf die bereits angesprochene Verknappung der indischen Rupien und dem Versagen unserer Bankkarten an den hiesigen Geldautomaten, blieb uns im Shop nur die Alternative, mit unseren Kreditkarten zu bezahlen. Der Shopbesitzer kümmerte sich persönlich um uns und versicherte immer wieder, dass die Bezahlung per Kreditkarte möglich sei. Unter den strahlenden Augen von Sunil, bereitete er das Handy vor, legte die SIM-Karte ein, klebte eine Schutzfolie über das Display und presste es letztlich in eine Schutzhülle. Überglücklich hielt Sunil sein neues Handy mitsamt einer Papiertüte mit den dazugehörigen Kartons in den Händen.

»Sorry, your card doesn't work«, erklärte mir der Besitzer. Okay, erneuter Versuch mit Mikes Karte. Kurzes Abwarten, das gleiche Problem. Das konnte doch jetzt nicht wahr sein! Vor unserer Reise hatten wir extra unsere Bankberater über die Reise informiert und zugesichert bekommen, dass wir mit den Karten bezahlen können. Wiederholte Versuche mit beiden Karten – das Problem blieb. Um einen Fehler an unseren Karten auszuschließen, telefonierten wir mit unseren Bankberatern, die abermals versicherten, dass die Karten freigeschaltet seien. Letzte Option für uns, die Bezahlung des Handys mit Euro. Nein, darauf ließ sich der Besitzer nicht ein. Nach längerem hin und her fuhren wir zusammen mit dem Besitzer zu einer Art staatlichen Bank, die hoffentlich unser Geld wechseln würde.

Hinter einer gepanzerten Eingangstür, bewacht von einer mit einem Gewehr bewaffneten Sicherheitskraft, empfing uns ein überaus freundlicher Banker. Nachdem er sich einen kurzen Überblick über unser Problem verschafft hatte, musste er uns auch schon wieder enttäuschen. Die Gründe, warum wir unsere Euro nicht wechseln konnten, lagen eben in der staatlichen Begrenzung der indischen Divisen. Das war es, keine weitere Alternative, kein Handy für Sunil.

Mike schaute mich mit diesem Ausdruck an, den ich schon kannte, wenn er stark konzentriert war. »Gib mir mal deine Kreditkarte und deine Pin«, sagte er.

Ohne zu fragen, gab ich ihm beides. »Ich habe am Eingang einen Geldautomaten gesehen, ein letzter Versuch«, ergänzte er, bevor er dem Banker sein Vorhaben in Englisch erklärte. Mike verließ die Bank und kam nach einiger Zeit grinsend zurück. »Ich konnte mit beiden Karten Geld bis zu einem täglichen Limit abheben. Uns fehlen nun noch knapp dreitausendfünfhundert Rupien, also ungefähr fünfzig Euro.« Mike übergab dem Banker das Geld und verwies auf die fehlenden dreitausendfünfhundert Rupien. Mike legte einen Fünfzig-Euro-Schein dem Geld bei. Der Banker lächelte und beriet sich mit dem Shopbesitzer auf Hindi, was letztlich dazu führte, dass der Shopbesitzer das Geld nahm und der Handel glücklich endete.

Bevor wir uns jedoch vom Banker verabschiedeten, fragten wir ihn, woran es gelegen haben könnte, dass die Karten im Shop nicht akzeptiert wurden. Er schaute kurz in einer Datei auf seinem Computer nach, worauf er den Shopbesitzer verwirrt ansah. Der verwendete allem Anschein nach ein altes Cash-Gerät noch dazu mit einer veralteten Software. Egal, Sunil hatte sein Handy, wir konnten bezahlen und alle waren trotz der vorangegangenen Aufregungen erleichtert.

Nach diesem turbulenten Tag wollte ich nur noch eine heiße Dusche und ohne Stress meine Sachen für die morgige Rückreise packen. Gegen sechs Uhr erreichten wir das Hotel, und ich machte mich daran, mein Vorhaben umzusetzen. Sunil hatte uns noch zum Hotel begleitet und verabschiedete sich bis zum nächsten Tag, wobei er uns versicherte, dass sowohl der Fahrer als auch das Auto für die Rückreise bestätigt seien.

Der Abend sollte jedoch anders verlaufen als geplant. Das Duschwasser plätscherte warm über meinen Kopf, als unerwartet unser Zimmertelefon klingelte. Kurz darauf öffnete Mike die Badezimmertür.

»Arjun ist unten in der Lobby. Ich gehe schon einmal runter, mach du dich in Ruhe fertig«.

Von Ruhe konnte keine Rede sein. Ist Arjun alleine? Wie wollte er sich mit mir unterhalten? Diese Fragen kamen mir in den Sinn, während ich meine nassen Haare zügig hochsteckte, mich anzog und mit dem Fahrstuhl in die Lobby fuhr. Arjun saß auf dem Ledersofa, neben ihm Sunil und Mike. Gegenüber von ihnen saßen in einem anderen Sofa hochrangige Polizisten, die zum morgigen Unabhängigkeitstag ebenfalls im Hotel residierten.

Arjun kam auf mich zu, wobei mir sofort auffiel, dass er, im Gegensatz zum vergangenen Jahr, einen verwahrlosten, verschmutzten und betrübten Eindruck machte. Während er mich begrüßte, schlug mir ein ausgeprägter Alkoholgeruch entgegen. Seine glasigen Augen hatten Mühe, mich zu fixieren. Das sollte der Arjun sein, der sich noch im letzten Jahr solche Vorwürfe gemacht hatte? Der Arjun, der so herzlich wirkte? Der Arjun, der ein Lied für mich komponiert hatte? Nein, hier stimmte etwas überhaupt nicht. Sunil wich meinem Blick verlegen aus, die Polizisten schauten sehr skeptisch auf Arjun. Ich setzte mich zu Sunil auf die Couch, gefolgt von Arjun, immer noch unter den Augen der Polizisten. Mike, dem diese Polizistenblicke durchaus bekannt waren, setzte sich zu ihnen und unterhielt sich während meines Gesprächs mit Arjun mit ihnen. Er erklärte die Hintergründe unserer Reise und einiges zu Arjun und Sunil.

Arjun nahm meine Hand und fing an, mir auf Hindi etwas zu erklären. Sunil übersetzte seine Worte. »Ich bin gekommen, da ich dir was sagen möchte. Es tut mir alles leid, aber ich habe zehntausend

Rupien von deinem Hausbaugeld genommen. Die Familie ist sich einig, dass ich erst dann wieder zu Gulmat auf das Grundstück und zu meinem Haus darf, wenn ich das Geld zurückgezahlt habe.«

Ohne mir einen Grund zu nennen, wofür er das Geld benötigte, war mir sofort klar, dass er das Geld für Alkohol ausgegeben haben musste. Ich fragte Sunil, der in Anbetracht der Umstände überaus peinlich berührt war, was sich Arjun von mir wünschte?

»Money«, sagte er mit nur einem Wort auf Englisch. Verstört fragte ich mich, ob Arjun wirklich mich sehen oder einfach nur Geld wollte.

»Ich muss viel und hart für mein Geld arbeiten. Ich wollte doch einfach nur helfen, dass ihr das Haus bauen könnt. Arjun, auch ich muss mit dem, was ich habe, mein Leben bestreiten. Ich habe kein Geld mehr.«

Nachdem Sunil meine Worte übersetzt hatte, nahm mich Arjun gefühlt abweisend in den Arm. Mir war dieser Arjun völlig fremd. Ohne weiter mit mir zu reden, stand Arjun auf und ging, leicht unsicher, zum Ausgang. Ich folgte ihm mit Sunil, worauf er mich vor dem Hotel noch einmal oberflächlich umarmte, um dann langsam in der Dunkelheit davonzugehen.

»Morgen erkläre ich dir alles«, ergänzte Sunil und folgte Arjun. Völlig verwirrt und mit gemischten Gefühlen ging ich mit Mike zurück ins Hotelzimmer. Ohne viele Worte packten wir an diesem Abend unser Gepäck und gingen schlafen. Viele Gedanken beschäftigten mich, worüber ich letztlich einschlief.

44. Rückreise am 26. Januar 2017, Nationalfeiertag

Noch unter dem Eindruck des gestrigen Abends stand für uns die knapp fünf stündige Rückreise zum Flughafen nach Raipur an. Immer wieder versuchte ich, Antworten zu finden, was mit Arjun passiert sein könnte. Letztlich waren es jedoch Spekulationen und ich musste wohl oder übel darauf warten, was Sunil mir dazu sagen könnte.

Wir checkten gegen halb acht aus, wobei es sich der Hotelmanager nicht nehmen lassen wollte, uns persönlich zu verabschieden. Sunil wartete bereits mit seinem Freund und dem Fahrer vor dem Hotel auf uns. Sunils Freund wollte uns einfach kennenlernen, weshalb er uns auf der Rückreise begleitete. Zu fünft setzten wir uns in den Kleinwagen, wobei unsere Rucksäcke den kompletten Kofferraum ausfüllten. Durch die Erfahrung mit dem Handykauf wussten wir nun auch, wo wir mit unseren Kreditkarten Geld abheben konnten. Zu Beginn fuhren wir zum bekannten Geldautomaten, um das Geld für den Fahrer zu besorgen. Danach wollten wir auf demselben Weg wie auf der Hinfahrt zurück zum Flughafen zu fahren.

Es war ein schöner sonniger Tag. Auf der Fahrt durch die vielen kleinen Dörfer mussten wir wiederholt längere Zeit anhalten. Da waren sie wieder, diese zahllosen Schulkinder in ihren schmucken Schuluniformen, militärisch geordnet, begleitet von Musik marschierend. Häuser und Straßen mit Blumengirlanden, Fahnen und Farben geschmückt. Wie im letzten Jahr erlebten wir auch dieses Jahr die überschwängliche Freude und die Ausgelassenheit des Unabhängigkeitstages. Hatten wir gedacht, dass auf den endlosen Straßen die Feierlichkeiten keinen Einzug finden würden, hatten wir uns getäuscht. Unvermittelt trafen wir auf zwei traditionell gekleidete Hindupriester mit einem bunt geschmückten Elefanten. Unser Fahrer stoppte, reichte eine kleine Spende durch das Fenster und Sunil ergänzte »Ganesha God«.

Abb. 63 Ganesha

Im weiteren Verlauf trafen wir noch bemalte Dromedare, Kühe und weitere Priester und eine Herde von bengalischen Hanuman-Languren. Für mich die größten Affen, die ich je in freier Wildbahn zu Gesicht bekam. Unbekümmert saßen diese imposanten Tiere einfach auf der Straße und machten erst spät Anstalten, sie zu räumen. Dann jedoch explodierten sie förmlich und sprangen in hohen Sätzen in die Büsche des Urwaldes. Einzigartig.

Trotz dieser grandiosen Eindrücke quälte mich die Ungewissheit über Arjun. Ich sprach Sunil auf Arjun an, worauf er deutlich berührt erklärte, dass er und die Familie nicht wollten, dass wir etwas von den Problemen mit Arjun erführen. Jetzt führte Sunil in aller Ausführlichkeit aus, welche Probleme es mit Arjun gab.

Arjun hat seit langer Zeit ein enormes Alkohol- und Spielproblem. Das gipfelte in der Vergangenheit bereits darin, dass Gulmat einen Teil ihres Grundstücks verkaufen musste, um Arjuns Schulden zu begleichen. Sunil hatte lange Zeit keine Ahnung, wie Arjun in Wahrheit war. Im zurückliegenden Jahr jedoch erkannte Sunil diese Probleme. Häufig stand Arjun betrunken vor Sunils Haus und bettelte um Geld. Natürlich wollte Sunil helfen, doch in Anbetracht des Umstandes, dass auch er eine Familie zu versorgen hat, war er dazu nicht in der Lage. Unmittelbar vor unserem ersten Besuch tat sich Arjun vor allem dadurch hervor, dass er jedem von seiner reichen Schwester aus Deutschland erzählte.

Aus diesem Grund bestand er auch darauf, bei unserem ersten Besuch seinen angeblich besten Freund, den Musiklehrer, zu besuchen. Später erkannte Sunil das Muster dahinter. Arjun konnte sich durch diese Vorgehensweise und dem permanenten Hinweis auf die reiche Schwester mehrfach ohne Probleme Geld leihen. Unter diesem Blickwinkel erschien mir der abweisende Gesichtsausdruck des Musiklehrers wieder in einem anderen Licht. Nicht nur, dass Arjun sich unerlaubt zehntausend Rupien vom Baugeld nahm, er setzte zusätzlich Gulmat unter Druck. Arjun verfügt über Kenntnisse im Hausbau, wodurch er beim Neubau von Gulmats Haus helfen konnte. Für diese Hilfe forderte er von Gulmat jedoch eine nicht unerhebliche Summe an Geld ein. Überfordert und auch aus Angst gab Gulmat Arjun das verlangte Geld.

Erst als herauskam, dass Arjun zusätzlich die Rupien entwendet hatte, tat sich die Familie zusammen und verjagte ihn mit seiner Frau, die ebenfalls dem Alkohol verfallen ist, vom Grundstück. Ihr Sohn blieb bei Gulmat, was für den natürlich die bessere Alternative war. Ohne die Tür vollends zu schließen, ließ die Familie Arjun die Option der Rückkehr. Hierzu müsste er jedoch die zehntausend Rupien zurückzahlen. Im Normalfall sollten Mann und Frau am Tag ohne Probleme zusammen vierhundertfünfzig Rupien als Tagelöhner verdienen. So ist es praktisch auch bei Arjun, jedoch geben sie das

Geld immer wieder für Alkohol aus oder verspielen es. Arjun kommt also genau nach meinem Vater. Gulmat wollte unter allen Umständen vermeiden, dass ich von diesen Problemen erführe, was ihr auch fast gelungen wäre.

Seit unserem Aufenthalt in Raigarh und auch davor erschien Arjun jeden Abend betrunken bei Sunil und bedrängte ihn, dass sie zusammen zu uns zum Hotel fahren sollten. Sunil konnte diesem Drängen letztlich auch mit Angst um seine eigene Familie nicht mehr standhalten, worauf er mit Arjun am vorherigen Abend zum Hotel fuhr. Sunil bestätigte mir, dass Arjun überhaupt kein Interesse an mir, sondern ausschließlich an meinem Geld hatte.

Betrübt darüber versank ich in meinen Gedanken. Ich fühlte mich hintergangen, ausgenutzt und ja, verarscht. Zum ersten Mal kamen mir Zweifel, ob ich das Richtige mit meiner Hilfe getan habe. Hatte Pater Theo mich nicht immer davor gewarnt, ohne strikte Handlungsanweisungen oder eine Art Verwalter Geld an die Familie zu senden? Natürlich hatte er recht. Doch in meiner unzureichenden Kenntnis der Situation wollte ich einfach helfen. Offensichtlich hatte ich dadurch auch Sunil zu viel abverlangt. Für mich erschien es einfach, ihm das Geld mit der Bitte der Verwaltung zu überweisen. Doch welchem Druck und großer Verantwortung ich ihn damit aussetzte, wurde mir erst jetzt bewusst. Sunil wirkte bei seiner Schilderung verlegen und beschämt auf mich. Ich erklärte ihm, dass er auf keinen Fall an dieser Entwicklung eine Schuld trüge und ich ihm immer wieder Geld anvertrauen würde. Bei meinen Worten konnte ich förmlich spüren, wie von ihm eine große Last abfiel.

Die zahlreichen Eindrücke und die Auseinandersetzung mit Arjun bewirkten, dass die Rückfahrt wie im Flug verging. Der Tower des Swami Vivekananda Airport Raipur erschien gegen halb eins in meinem Blickfeld. Der Fahrer hielt auf einem kleineren Parkplatz zwischen der Abflughalle und einem angrenzenden Park. Genau dem Park, indem ich bei meinem ersten Aufeinandertreffen mit Arjun ihm meine Fleecejacke angezogen hatte. Es hieß Abschied nehmen. Trotz der noch langen Rückfahrt blieben Sunil, sein Freund und der Fahrer noch bis um ein Uhr bei uns. Natürlich nicht ohne vor dem Flughafengebäude Fotos zu machen. Sunil fragte mich, ob ich noch Euro-Münzen hätte, da sowohl sein Freund und auch der Fahrer ungemein interessiert an europäischen Geld waren. Ich kramte in meiner Tasche und fand knapp vier Euro in Münzen. Beide waren von den Münzen sehr angetan und begutachteten sie auf das Genauste. Ich hatte Freude zu sehen, wie interessiert sie an den Münzen waren und schenkte sie ihnen.

Nachdem wir uns von den dreien verabschiedet hatten, begaben wir uns langsam zum Eingang des Flughafens. Sunil fiel der Abschied unerwartet schwer, hatte er doch Bedenken, ob er uns jemals wieder sehen würde. Wir nahmen ihn beide in den Arm, wobei wir versprachen, dass wir zurückkommen würden.

Polizisten und Soldaten sicherten den Flughafen und die beiden Ein- und Ausgänge. Unerwartet rasch wurden wir durch die verschiedenen Sicherheitsbereiche geschleust. Dieses Mal kein Vergleich zu den gewohnten Sicherheitschecks.

Für 18:55 Uhr war unser Rückflug nach Delhi geplant, wir hatten noch genügend Zeit zum Relaxen und Erkunden des Duty-Free-Bereichs. Während ich einige Mitbringsel besorgte, versorgte Mike uns mit Kaffee. Alles schien wie geplant abzulaufen. Was wir bei unserer Planung jedoch nicht berücksichtigt hatten: den Unabhängigkeitstag. Im Zuge dieser Feierlichkeiten bestand ein Flugverbot über Delhi. Das führte dazu, dass sich unser Abflug mehrfach verzögerte. Mike machte sich bereits Sorgen um den Flug zurück nach Frankfurt, der für 3:30 Uhr angesetzt war.

Letztendlich starteten wir nach Delhi um 21:30 Uhr und landetet um 23:30 Uhr auf dem Domestic Airport Delhi. Von dort fuhren wir mit einem klapprigen Shuttlebus, der aufgrund seiner Gitterfenster die Ähnlichkeit zu einem Gefangenenbus hatte, zum International Airport Delhi, den wir um Mitternacht erreichten. Von den gelassenen Sicherheitskontrollen wie in Raigarh konnte hier keine Rede mehr sein. Insgesamt zogen sich alle Kontrollen, der Check-in und die Durchquerung des imposanten Gebäudes weitere zwei Stunden hin, sodass wir um 2:00 Uhr das Abflug-Gate erreichten.

Zum Boarding um 2:30 Uhr, unmittelbar vor Betreten der Fluggastrampe zum Flugzeug, wurden wir noch mal durchsucht und unser Handgepäck kontrolliert. Völlig erschöpft erreichten wir unsere Sitze und schliefen nach dem Start sofort ein.

Erst kurz vor der Landung wachten wir auf. Um 7:20 Uhr erreichten wir Frankfurt bei minus sechs Grad. Mit dem Zug fuhren wir anschließend über Köln zurück nach Rheine, wo uns abermals Mikes Mutter bereits erwartete.

Abb. 64 Völlig erschöpft, aber sehr glücklich

Fünfter Teil – Was bleibt?

45. Die M.o.C.

Mein Verhältnis zu den Schwestern der M.o.C. und hier insbesondere zu Schwester Prema, der Generaloberin der Missionarinnen der Nächstenliebe, blieb zerrüttet. Zu viele Lügen und Hinhaltungen hatten meine Suche geprägt, als dass ich einfach so hätte verzeihen können. Dies distanzierte Verhältnis verstärkte sich noch zusätzlich im März 2016.

Schwester Prema schickte mir einen Brief, der mich enorm negativ bewegte. In den zurückliegenden zehn Jahren hielt sie ihre Briefe in Englisch und wiederholte stetig, ich solle glücklich sein, meine Mutter sei tot (wie mir bereits 2000 durch Schwester Hemanta mitgeteilt wurde), ich solle nicht suchen und ich solle für meine Rettung dankbar sein.

Was für eine Rettung, die nachweislich nur auf Lügen und Betrug aufgebaut war?

Nie hatte Gulmat einer Adoption zugestimmt und doch haben sich viele Beteiligte, allen voran die M.o.C., über diesen Fakt hinweggesetzt. Natürlich immer nur im Glauben, mir etwas Gutes zu tun. Ohne Rücksicht auf die Gefühle meiner indischen Familie. Und jetzt hielt ich diesen Brief von Schwester Prema in den Händen. Auf Deutsch bat sie mich für die zurückliegenden Ereignisse um Vergebung. Sie entschuldigte sich dafür, nicht aktiv behilflich gewesen zu sein, und bat mich, sie bei einer erneuten Indienreise zu besuchen.

Woher kam so unvermittelt dieser Sinneswandel? Nein, ich wollte mich damit nicht auseinandersetzen. Zu groß war die Enttäuschung. Zu bewusst war mir der Umstand, dass offenbar nicht nur ich, sondern Hunderte weiterer Kinder ohne Zustimmung der leiblichen Eltern einfach aus Indien heraus wegadoptiert wurden. Natürlich war dies nur unter Beteiligung vieler weiterer Akteure – in meinem

Fall: die Adoptionsvermittlungsstelle ProInfante – möglich, doch für mich waren die M.o.C. die Auslöser dieses Unrechts.

Wie oft hatte ich in der Schule die schönen Berichte über Mutter Teresa und ihrem bemühten Kampf, den Armen in Indien zu helfen, gehört. Ich möchte auf keinen Fall abstreiten, dass sie durch ihre Arbeit nicht auch viel Leid gelindert hat.

Doch mit meinem heutigen Wissen sehe ich vieles in einem anderen Licht. Nicht alles schien rechtens abgelaufen zu sein. Zu all meinen Gedanken in dieser Zeit passte dann noch die Meldung, dass Mutter Teresa 2016 heiliggesprochen wurde. Heiliggesprochen für den Raub von Kindern?

Meine Gedanken waren geprägt von Wut, Enttäuschung sowie Betrug, weshalb ich dieses Thema ab diesem Zeitpunkt bewusst verdrängte und nicht weiter darüber nachdachte. Für mich waren die M.o.C. seither nur noch ein dunkler Teil in meiner Vergangenheit.

46. Neues aus Indien

Bis heute halte ich regen Kontakt mit Sunil über WhatsApp. Wir tauschen Neuigkeiten aus und er hält mich immer wieder über Gulmat und meine Geschwister auf dem Laufenden. Mehrfach organisierte er WhatsApp-Telefonate zwischen Gulmat, Sheetal und mir, wobei ich Gulmat oft mit Geld für Medikamente helfen konnte. Seit meinem letzten Besuch in Indien scheint sich der Gesundheitszustand von Gulmat langsam, aber stetig zu verschlechtern. Das Problem dabei ist, dass sie keine Krankenversicherung hat, die die Kosten für Medikamente übernehmen würde. Bis auf den Gesundheitszustand von Gulmat schien es zum Glück keine weiteren Probleme zu geben. Zu Arjun konnte ich weiter nichts erfahren, als dass er immer noch nicht auf das Grundstück zurückgekehrt war, aber auch Sunil nicht erneut um Geld angebettelt hatte.

Bis zum 17. Februar 2017 beruhigte mich dieser Zustand wenigstens ein wenig. An diesem Tag schrieb mir Sunil, dass sich Arjun dreißigtausend Rupien von einem Mann, einem sogenannten Moneymaster, geborgt und sein Haus als Sicherheit verpfändet hatte. Mir wurde übel und ich konnte mir keinen Reim auf diese Nachricht machen.

Was bedeutete das? Konnte Gulmat aufgrund dieser Aktion ihr Grundstück verlieren? Mike und ich schrieben lange mit Sunil, der versuchte, uns zu beruhigen. Im ungünstigsten Fall sei es denkbar, dass in das Haus von Arjun eine fremde Familie einziehen könnte. Aber wie war es möglich, dass Arjun Gulmats Grundstück verpfändete? Konnte dieses nach indischem Recht legal sein? Sowohl Sunil, als auch Pater Theo, den ich ebenfalls zu diesem Thema befragte, hatten keine beruhigende Antwort für mich.

Immer noch im Ungewissen erreichte mich einige Tage später die Nachricht, dass sich Gulmat dazu entschlossen hatte, das Grundstück zu verkaufen, bevor der Moneymaster ihnen das wegnehmen würde. Von dem Geld wollte die Familie, natürlich ohne Arjun, auf dem Grundstück von Gulmats Schwester neue Häuser bauen. Diese Entscheidung bedeutete aber auch, dass die Familie Raigarh verlassen und weiter in das Landesinnere ziehen würde. Weiter weg von ärztlicher Versorgung und Arbeitsplätzen. Wie konnte ich aus Deutschland helfen? Mir blieb nur abzuwarten. Ohne Näheres von den Plänen zu hören, vergingen einige Tage. Sunil und ich versuchten indes, eine Strategie zu entwickeln, wie wir dem Moneymaster die Schulden von Arjun abkaufen könnten. Beide waren wir uns darüber einig, dass ich als Geldgeber nicht in Erscheinung treten sollte, damit Arjun nicht immer und immer wieder an mich mit Geldbitten herantritt. Was uns zu diesem Zeitpunkt nicht bewusst schien, war die Tatsache, dass es sich bei einem Moneymaster um einen Geldhai handelte, der immense Zinsen forderte und die Rückzahlungsfrist quasi schon abgelaufen war.

Anfang März fing Arjun wieder damit an, täglich betrunken vor Sunils Haus zu erscheinen und nach Geld zu fragen. Ohne Arjun helfen zu können oder verständlicherweise zu wollen, hörte diese Bettelei ungefähr im Mai wieder auf. Den Grund für dieses Ende erfuhren wir Anfang Juni. Auf Drängen und Flehen und sicherlich auch aus Angst verkaufte Gulmat die Hälfte ihres Grundstücks, um Arjuns Schulden zu begleichen. Doch diese Hilfe reichte Arjun nicht und er forderte vom verbliebenden Geld die Hälfte. Ob Gulmat diesem Drängen nachgab, weiß ich nicht, jedoch entschloss sich Gulmat dazu, die Hilfe von den Eltern ihrer Schwiegertochter Chandrakantha anzunehmen und mit Sheetal, Ravi und Chandrakantha zu ihnen auf das von Raigarh eine Stunde entfernte Grundstück zu ziehen. Arjun blieb mit seiner Frau und seinem Sohn auf dem Rest des Grundstücks in Raigarh wohnen. Ob er auch heute noch auf dem Grundstück wohnt, ist mir nicht bekannt. Ganz ehrlich ist es mir in gewisser Art sogar egal. Zu viel Leid hat Arjun durch seine Sucht über meine indische Familie gebracht.

Wenn ich eines bisher gelernt habe, dann dies: Es gibt immer wieder neue Überraschungen aus Indien. Die bisher letzte Überraschung erreichte mich am 17. September 2017. Sunil hatte sich länger mit der Schwester von Gulmat, Nanki Bai, unterhalten. Sie berichtete davon, dass Gulmat zwei Ehemänner hatte. Der erste Ehemann, mein vermeintlicher Vater, starb. Soweit deckten sich meine Kenntnisse. Doch dieser Mann sollte jetzt doch nicht mein Vater sein.

Sowohl ich als auch Ravi hatten einen anderen Vater als unsere älteren Geschwister. Nach dem Tod von Gulmats ersten Mann lernte sie bei einer Arbeit einen anderen Mann kennen und heiratete ihn. Sie bekamen erst mich und meine Schwester und dann Ravi. Insgesamt dauerte diese zweite Ehe circa vier Jahre, bevor dieser Mann Gulmat kurz nach unserer Geburt verließ. Es stellte sich heraus, dass er bereits verheiratet war. Ohne jeglichen Anhaltspunkt verschwand er. Weder Gulmat noch sonst jemand hat je wieder etwas von ihm gehört. Ob er noch lebt, kann niemand sagen. Diese Entwicklung war, neben der ungemeinen Armut, der Grund für unsere Abgabe an das Kinderheim. Von einem Tag auf den anderen fehlte der Unterstützer und Ernährer der Familie. Natürlich stellte sich mir sofort die Frage, warum Gulmat mir das nicht erzählt hat. Warum hat sie diesen Fakt verschwiegen? Was war mit den anderen Erkenntnissen? Stimmten diese ebenfalls nicht?

Kurzfristig zweifelte ich an all den Erklärungen und Erkenntnissen der letzten zwei Reisen. Doch je länger ich darüber nachdachte, verschwanden diese Zweifel auch wieder. Gulmat schämte sich einfach dieser Realität. Nein, ich nahm diese Wendung meiner Geschichte an, ohne weitere Fragen zu stellen. Ich hatte meine indische Familie gefunden und alleine das zählt!

47. Danke

Die Idee, dieses Buch zu schreiben hatte ich auf dem Rückweg bei meiner zweiten Indienreise. Je länger ich über die Erfahrungen der letzten Jahre nachdachte, desto sicherer wurde ich mir, dass ich dieses Schicksal nicht alleine teilte.

Hinzu kamen die Enthüllungen des ›Spiegel‹ in seiner Ausgabe 21 von 2001 mit dem Titel *Ware Kind* und eine Studie von Terre des Hommes zum Thema *Kinderhandel zum Zweck der Adoption* der Journalistin Giesela Wuttke. Vielleicht, und das ist mir ein großer Wunsch, kann dieses Buch anderen adoptierten Kindern Mut machen, nicht aufzugeben und weiter zu suchen. Möglicherweise gibt es dem einen oder anderen ja Anregungen, wie die eigene Suche fortgeführt werden kann. Ja, das ist es, was ich mir von diesem Buch erhoffe.

Natürlich wäre ich nie ohne die Hilfe meiner vielen Freunde und Familienangehörigen so weit gekommen. Wenn Doris mit ihren dreißig Jahren sich nicht spontan mit mir auf meine erste Reise begeben hätte, wer weiß, wie meine Suche dann verlaufen wäre. Diese Reise war der Beginn, und sie zeigte mir, dass etwas ganz und gar nicht an dem, was ich bis zu dem Zeitpunkt wusste, stimmen konnte.

Insbesondere Ingrid und Bernd gilt ein großer Dank für ihre Unterstützung bei der Rückverfolgung und Rekonstruktion des indischen Adoptionsverfahrens.

Mit ihrer Hilfe lernte ich auch Pater Theo kennen, der mit seiner ruhigen und herzlichen Art gerade in Indien eine übergroße Hilfe war. Bei meinem ersten Treffen mit meiner indischen Familie hätte ich mir keinen besseren Unterstützer als ihn wünschen können.

Abb. 65 Pater Theo, wie er immer ist: fröhlich und lachend

Neben Pater Theo gab vor allem Generalvikar Theo Paul aus Osnabrück den entscheidenden Rat, dass ich mich mit meiner Suche an den Bischof von Münster, Dr. Felix Genn, wenden sollte. Wenn ich ehrlich bin, an diese Möglichkeit hätte ich nie gedacht, nicht zuletzt wegen der schlechten Erfahrungen mit den M.o.C. Über Bischof Dr. Felix Genn gelang endlich der Durchbruch, den ersten Kontakt zu meiner indischen Familie, wofür ich gar nicht genug danken kann.

Besonders möchte ich Sunil danken, der sowohl vor Ort in Indien als auch in meiner Abwesenheit immer telefonisch an meiner Seite stand. Sunil, das Organisationstalent, der Guide, Übersetzer, Freund, Genie und liebevolle Chaot, ohne ihn wäre vieles nicht möglich gewesen. Ich bin stolz, einen solchen Freund gefunden zu haben.

Abb. 66 Danke, Sunil für so vieles

Bisher habe ich Barbara in diesem Buch nicht erwähnt. Bestimmt kann sich jeder vorstellen, wie belastend eine solch lange Suche ist. Relativ schnell stellte ich fest, dass ich dieser Suche ohne psychologische Unterstützung nicht gewachsen bin. Für mich kam hierbei jedoch nur eine außenstehende Person als Hilfe in Frage. In zahlreichen Therapiestunden leistete Barbara mir große Hilfe und ich konnte mit ihrer Unterstützung viel über mich lernen. Dankeschön für alles, liebe Barbara!

Mein Freund Mike war während der ganzen Zeit für mich da und ist es auch heute. Bei allen Recherchen war er involviert und wir planten gemeinsam die zweite sowie dritte Indienreise. Danke, dass du meine Launen und Emotionen immer ertragen hast, mir zugehört hast und dem Ganzen immer offen sowie ehrlich gegenüber standest. Vor allem dann, wenn ich wie so oft mit dem Kopf durch die Wand wollte. Gemeinsam haben wir in den zurückliegenden zwei Jahren an diesem Buch gearbeitet, was ich alleine so nicht hinbekommen hätte. Danke für deine Liebe und Geduld mit mir. Ohne dich wäre ich nicht die, die ich heute bin. Ich liebe dich!

Abb. 67 Mike und Sunil

Auch meiner indischen Mutter Gulmat bin ich überaus dankbar. Dankbar dafür, dass sie alles in ihrer Möglichkeit Stehende getan hat, dass ich heute noch leben darf. Ohne ihre Entscheidung wäre ich heute nicht mehr da. Auch wenn sich Gulmat mit meiner Abgabe vieles anders vorgestellt hatte, so ist sie heute froh, diesen Schritt gegangen zu sein und zu sehen, dass es mir gutgeht und ich sehr glücklich bin.

Die wichtigsten zwei Menschen, die mir mein ganzes bisheriges Leben zugehört haben und immer zu mir standen, die mich in allem unterstützt und an mich geglaubt haben, sind meine Eltern Hermann und Tille. Ich bin nicht unter eurem Herzen gewachsen, aber in ihm. Ich liebe euch und bin so stolz, eure Tochter zu sein!

Abb. 68 Meine Eltern. Ich liebe euch!

Ja, es geht mir gut und ich bin mit mir, meinen Eltern, meiner indischen Abstammung und meiner indischen Mutter Gulmat im Reinen. Ich bin gespannt, wie sich alles weiter entwickelt.

Dhanyavaad – danke auf Hindi – meine geliebten Mamas!
Isabel Carla Sindu Hövels

29700500R00153

Printed in Poland
by Amazon Fulfillment
Poland Sp. z o.o., Wrocław